Görres

Der Kranke — Ärgernis der Leistungsgesellschaft

Patmos Paperback

Der Kranke - Ärgernis der Leistungsgesellschaft

Herausgegeben von Albert Görres
mit Beiträgen von
Joachim Gerlach, Heinz Goerke
Albert Görres, Wolfgang Jacob
Hans Kramer, Josef Matussek

Patmos-Verlag Düsseldorf

© 1971 Patmos-Verlag Düsseldorf
Alle Rechte vorbehalten. 1. Auflage 1971
Umschlaggestaltung Eschert & Bänder
Satz und Druck St. Otto-Verlag Bamberg
Einband Schwann Düsseldorf
ISBN 3-491-00312-1

Inhaltsverzeichnis

Vorwort des Herausgebers 7

Wolfgang Jacob
Die gesellschaftliche Situation des Kranken 9

Joachim Gerlach
Zukunftsaspekte der Heilung 31

Heinz Goerke
Kranker und Krankenhaus 50

Josef Matussek
Die gesellschaftliche Bedeutung der Krankenfürsorge
und Probleme der Finanzierung 61

Albert Görres
Sinn und Unsinn der Krankheit
Hiob und Freud 74

Hans Kramer
Indirekte Fragen in der Krankheit und die Forderungen des Patienten
Theologisch-anthropologische Antworten 89

Vorwort

Als Alexander *Solschenizyn* das Manuskript seines Buches „Krebsstation" der Zensur vorlegte, als die ersten Abschriften von Hand zu Hand gingen, da war es klar, daß dieses Buch es schwer haben würde, in der Sowjetunion gedruckt zu werden; nicht, weil es Mißstände schildert, weil es Funktionäre verspottet oder weil es eine andere Form des Sozialismus befürwortet, sondern letztlich, weil es dem Fortschrittsglauben und Glücksoptimismus des Sowjetmenschen jene unerbittliche und unüberwindliche Realität gegenüberstellt, die das Konzept eines solchen Optimismus heute und für alle Zukunft sprengt, eben die „Krebsstation", Leiden und Tod des unheilbar Kranken, das Zerbrechen aller innerweltlichen Hoffnung und alles Lebenssinnes an der furchtbaren Grenze der zerstörenden Krankheit und des Todes. Diese Krebsstation steht nicht nur für viele andere Stationen, in denen Kranke gepflegt werden. Nein, diese Krebsstation ist unsere ganze Welt, die ihr Todesurteil in jeder lebendigen Zelle mit sich trägt wie der kranke Mensch seinen Krebs. Die Station ist das Tal der Tränen, von dem es heißt: Lachen hat seine Zeit. Weinen hat seine Zeit. Die Krebsstation ist jenes Meßinstrument, die Waage, auf der die Kraft des marxistischen Humanismus gewogen wird, gewogen und zu leicht befunden. Wie ein gewaltiges politisches Gebilde gewogen werden kann durch das Gewicht nicht dieses kleinen Buches, wohl aber durch das Gewicht der Gewalten, die es beschreibt, der Gewalt des frühen Todes, der ein soeben begonnenes aufsteigendes Leben vorzeitig abbricht, und der Gewalt der Krankheit mit der ihr eigenen Leistungsunfähigkeit und Nutzlosigkeit: ebenso wird auch unser Leben als Leben von einzelnen, als Leben von Familien, als Leben der Gesellschaft und der Kirche auf die Waage gestellt und gemessen durch die Begegnung mit der Krankheit und dem Kranken.
Schwere, oft lange Krankheit gehört zu den bitteren Erfahrungen, die wohl nur einer Minderheit von Menschen ganz erspart bleiben. Aber

auch ihr Leben wird von der Nachbarschaft des Kranken und der Krankheit bestimmt. Es fühlte sich anders an, wenn es Krankheit gar nicht gäbe. Unzählige gesunde Menschen beziehen als Ärzte, Angehörige pflegender Berufe und in vielen anderen Formen ihr Berufsleben auf den Dienst und Verdienst am Kranken; aber der Dienst am Kranken steht oft allzu einseitig unter dem Vorzeichen des Kampfes gegen ein höchst überflüssiges Übel, und gerade damit ist dem Kranken nicht gut genug gedient. Zu kurz kommt jene Hilfe, die dem Kranken ermöglicht, mit seiner Krankheit etwas anzufangen, in ihrer Last einen Sinn und inneren Gewinn zu finden. Das ist nicht nur eine Aufgabe des Seelsorgers, sondern eine, die jeden Nächsten angeht, aber auch den Arbeitgeber, die Gemeinde, den Staat, die Gesellschaft.

Die Aufsätze sind aus Vorträgen einer Tagung der Katholischen Akademie in München hervorgegangen, deren Leiter, Dr. Franz Henrich, die Themen stellte. Der letzte Aufsatz wurde zugefügt, weil die Erfahrung des Theologen und Krankenseelsorgers zu diesem Thema gehört werden muß.

Der Herausgeber

Wolfgang Jacob

Die gesellschaftliche Situation des Kranken

Es entspricht im allgemeinen der Zielsetzung einer Sozialmedizin als Wissenschaft, medizinische und soziologische Daten einer objektivierenden Analyse zu unterwerfen. Aus einer solchen Perspektive ergeben sich Untersuchungen über die Krankheit als soziales Phänomen, als ein dysfunktionales oder abweichendes soziales Verhalten; daraus folgt die Tendenz, über den Kranken und die Leitbilder der Gesellschaft „wie über Objekte" zu verhandeln.
Die wahre Situation des Kranken entzieht sich einer solchen Betrachtungsweise. Sie entgeht den objektivierenden Tendenzen der Medizin, der Sozialpsychologie und Soziologie; sie wird erst in dem Gespräch zwischen dem Kranken und dem Arzt offenbar. Der kranke Mensch ist nicht ein Gegenstand der Sozialmedizin, sondern in Wahrheit „ein verdrängtes Problem" unserer Gesellschaft.
Besondere Schwierigkeiten ergeben sich aus der herkömmlichen prinzipiellen Unterscheidung somatischer und nicht-somatischer Krankheitsprozesse. Von der Sozialpsychologie als der Mittlerin zwischen ‚isoliert-naturwissenschaftlicher' Betrachtungsweise in Medizin und Soziologie wird die Frage in den Mittelpunkt gerückt:
Was können wir über Kommunikationsprozesse, was über das Verhältnis von Individuum und Gruppe, über die sozialen Rollen unter dem Aspekt von Gesundheit und Krankheit aussagen, wobei der Sozialpsychiatrie die Aufgabe zufällt, diese Prozesse in Hinsicht auf den Kranken zu studieren.
Ich möchte jedoch zunächst die Frage offen lassen, ob und in welchem Zusammenhang die Sozialpsychologie als ein echtes missing-link zwischen der Soziologie und der Medizin betrachtet werden kann. Herkömmlicherweise scheint der um die Dimension der Tiefenpsychologie erweiterte Erfahrungsbereich dieser Disziplin dazu zu dienen, ein Modell für die Vorstellung zu schaffen, es dehne sich das menschliche Individuum — auf dem breiten Fundament der Naturwissenschaft

aufruhend — in den Bereich der soziokulturellen, das heißt der soziologisch faßbaren Dimensionen gleichsam aus und sei hier Normen unterworfen, die letztlich auch im Sinne der Krankheitserzeugung pathogene Funktionen ausüben könnten. Der amerikanische Soziologe L. W. Simmons hat gemeinsam mit dem Psychologen H. D. Wolf ein einprägsames Dreiecksmodell konstruiert, in dem diese Auffassung zum Ausdruck kommt[1].

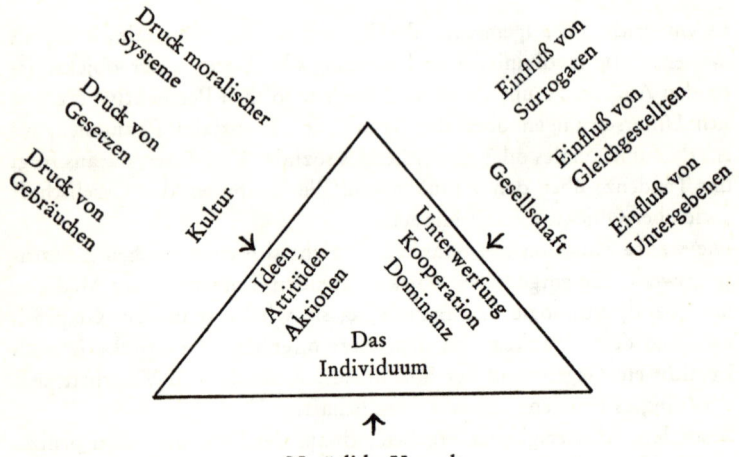

Umweltliche Beschränkung des Individuums

Eine konkrete Berührung zwischen den Bereichen der Medizin und Soziologie, aber auch zwischen den Bereichen der Soziologie und Sozialpsychologie oder der Sozialpsychologie und der Medizin erfolgt bisher nur auf schmaler Basis.

Wenn wir die bisher vorliegenden Ergebnisse einer medizinsoziologischen Disziplin betrachten, erschöpft sich vielfach die Medizinsoziologie in Studien zur ‚Struktur' und ‚Funktion' der modernen Medi-

[1] *L. W. Simmons/H. G. Wolff*, Social science in medicine. Russel Sage Foundation, New York 1954.

zin[2], kultur-anthropologischen Betrachtungen zur Medizin[3], Untersuchungen und Kritiken der sozialen Struktur des Krankenhauswesens[4], Untersuchungen über Zusammenhänge zwischen Krankheit und sozialem Wandel[5], medizinsoziologischen Untersuchungen über Gesundheitsverhalten[6] und sozialkulturellen epidemiologischen und ökologischen Aspekten der Krankheit unter den verschiedensten Gesichtspunkten. Der soziogenetische Ansatz der Krankheitsforschung bezieht

[2] *T. Parsons*, Definition of health and illness in the light of American values and social structure, in: Patients, physicians and illness. Sourcebook in behavioral science and medicine, hrsg. v. Jaco, E. Gartley, Glencoe ³1958, S. 165 – 187.
—, Illness and the role of the physician, in: Personality in nature, culture and society, hrsg. v. C. Kluckhahn u. a., New York 1953. Auch in: Am. J. Orthopsych. July 1951, S. 452 – 460.
—, The mental hospital as a type of organization, in: The patient and the mental hospital, hrsg. v. M. Greenblatt, D. J. Levinson und R. H. Williams, Glencoe ³1957, S. 109.
—, Struktur und Funktion in der modernen Medizin, in: Kölner Zeitschr. f. Soziologie und Sozialpsychologie, Sonderheft 3: Probleme der Medizinsoziologie, Köln u. Opladen 1958, S. 10 – 57.
[3] *W. Schoene*, Einige kulturanthropologische Betrachtungen über die Medizin, in: Kölner Zeitschr. f. Soziologie u. Sozialpsych., Sonderheft 3: Probleme der Medizinsoziologie, Köln u. Opladen 1958, S. 80 – 114.
—, Die Medizin als Faktor im Akkulturationsgeschehen, in: Sociologus 8 (1958) 113 – 125.
—, Zur sozialen Funktion und zur soziologischen Problematik des Gesundheitsideals, in: Soziale Welt 14 (1964) 109 – 126.
[4] *J. J. Rohde*, Probleme des Arztberufs im Krankenhaus, in: Hippokrates 36 (1965) 27 – 34.
—, Soziologie des Krankenhauses. Zur Einführung in die Soziologie der Medizin, Stuttgart 1962.
[5] *M. Pflanz*, Sozialer Wandel und Krankheit. Ergebnisse und Probleme der medizinischen Soziologie, Stuttgart 1962.
—, Soziokulturelle, epidemiologische u. ökologische Aspekte der Krankheit, in diesem Buch Teil VIII.
—, Soziokulturelle Faktoren und innere Erkrankungen, in diesem Buch Teil VIII.
—, „Gesundheitsverhalten", in: Mensch u. Medizin (1965) 6 173 ff.
[6] *M. Pflanz, M. Pinding, A. K. W. Armbrüster, M. Török;* Medizinsoziologische Untersuchung über Gesundheitsverhalten, in: Med. Klinik (1966) Nr. 10, 391 – 397.

sich vorwiegend auf bestimmte psychiatrische Erkrankungen, und hier ist es das familiäre ‚Interaktionssystem', dessen Studium zunehmend in den Mittelpunkt der Betrachtung rückt[7].

Für die organischen Erkrankungen sind sozialmedizinische Untersuchungen des Hochdrucks, des Magenulcus und einiger Alterskrankheiten vorgelegt worden[8]. Der „Hospitalismus" psychiatrischer Krankenhäuser stellt sich als ein ernstes psychosoziales Problem (Kisker l. c.); die Rehabilitationsmedizin bemüht sich um die Aufklärung sozialer Fakten zur Wiederherstellung des Behinderten und des chronisch Kranken.

In einer systematischen Untersuchung über die gesellschaftliche Situation des Kranken wären zunächst für die Medizin die folgenden Fragen zu klären:

Was ist Gesellschaft unter medizinischem Aspekt? Was für eine pathogen wirksame Dynamik treffen wir in ihr an? Welches sind die gesellschaftlichen Funktionen des Individuums, wie verändern sie sich bei einem Kranken? Oder, um eine ganz andere Frage aufzugreifen: welche schichten- oder klassenspezifische Erkrankungen, welche gesellschaftsbedingten Ausbreitungs- oder Eingrenzungsformen von Epidemien oder Zivilisationskrankheiten kennen wir?

Ich möchte diesen Katalog von Fragen nicht beliebig erweitern; wir müssen uns durch die Vielfalt und Vielzahl der wissenschaftlich zu bearbeitenden Probleme gleichsam eine Gasse bahnen und den Fragen-

---

[7] *H. Häfner, W. v. Baeyer* u. *K. P. Kisker,* Dringliche Reformen in der psychiatrischen Krankenversorgung der Bundesrepublik. Über die Notwendigkeit des Aufbaus sozialpsychiatrischer Einrichtungen (psychiatr. Gemeindezentren), in: Helfen und Heilen. Diagnose u. Therapie in der Rehabilitation, 1965 H. 4/5.

— *J. Bateson, Jackson, Laing, Lidz, Wynne* u. a., Schizophrenie u. Familie, Theorie 2, Frankfurt 1969.

— *Lidz, Fleck, Cornelison, Terry, Schafer, Norton,* „Schizophrenie u. Familie", „Der Vater", „Spaltung und Strukturverschiebung in der Ehe", „Elternpersönlichkeit und Wechselbeziehungen in der Familie", „Irrationalität als Familientradition", „Inzestuöse und homosexuelle Problematik", in: Psyche 13 (1959) H. 5/6.

[8] *M. Pflanz,* Zur Epidemiologie der Hypertonie. Fragestellung, Methodik u. Ergebnisse epidemiologischer Blutdruckuntersuchungen, in: Zschr. Kreislauf 50 (1961) 464—476.

—, u. *E. Rosenstein, Th. v. Uexküll,* Socio-psychological aspects of peptic ulcer, in: J. psychosom. Res. 1 (1956) 68—74.

kreis einengen. Hier liegt es nahe, von der konkreten ärztlichen Erfahrung auszugehen. Sie sagt etwas aus

1. zur Situation des Kranken in der Gesellschaft,
2. zur Sozialpathologie des Kranken und der Krankheit,
3. zu den um die soziale Dimension erweiterten Möglichkeiten der Therapie.

Der Frankfurter Psychotherapeut und Soziologe Ernst Michel hat in seinem letzten Werk „Der Prozeß Gesellschaft contra Person" unterschieden zwischen „Person *und* Gesellschaft" und „Person *in* der Gemeinschaft"[9]. Wir finden uns als Menschen immer schon ‚in Gemeinschaft' vor und treten einer ‚Gesellschaft' gegenüber, das heißt einem apersonalen, oft personfeindlichen Funktionalisierungsprozeß, der uns in bestimmte gesellschaftliche Rollen zwingt.

Durch die Formulierung Michels ist ein schwerwiegendes soziologisches Problem gestellt: Der Prozeß ‚Gesellschaft contra Person' führt zu einer gleichsam dialektischen Spaltung in die personale Ebene der die Person tragenden Gemeinschaft und die objektivierende, von der Person mehr oder weniger abstrahierende Ebene der Gesellschaft. Zu jener gehört der Bereich der ärztlichen Begegnung mit dem Kranken, in diese fällt das anonymisierende und institutionalisierende Interesse der Gesundheitspolitik.

In der Unterscheidung zwischen Gemeinschaft und Gesellschaft ist ein Qualitätensprung zu ermitteln: Gemeinschaft endet dort, wo die Reichweite personaler menschlicher Beziehung endet; Gesellschaft beginnt dort, wo sich ein mehr oder weniger institutionalisiertes, funktionales, operationales, vorwiegend anonym gestaltetes gesellschaftliches Wesen gegen die Person durchsetzt und ihre Handlungen bestimmt. Der Prozeß ‚Gesellschaft' ist — nach Michel — einem „Großlebewesen" vergleichbar, das seinerseits des „Nährstoffes Mensch" bedarf.

Wir können die Michelsche These: „Der Prozeß Gesellschaft contra Person" erweitern zu der These: „Gemeinschaft contra Gesellschaft". In ihr ist die bedeutsame Frage nach der Möglichkeit einer lebendigen menschlichen Durchdringung gesellschaftlicher Prozesse überhaupt, das heißt die Frage nach einer „humanen" Gesellschaft, enthalten.

Überall dort, wo Institutionen ein gesellschaftliches Verhalten (zum

---

[9] *E. Michel*, Der Prozeß Gesellschaft contra Person. Stuttgart 1959.

Beispiel Rollenerwartung) verlangen, *herrscht* Gesellschaft; überall dort, wo Personen einander begegnen, *lebt* Gemeinschaft.

Seit der von Tönnies gegen Ende des 19. Jahrhunderts getroffenen Unterscheidung zwischen Gemeinschaft und Gesellschaft ist die Diskussion über diese Begriffe nicht zur Ruhe gekommen. Tönnies selbst verstand unter ‚Gemeinschaft' ein „vertrautes, heimliches, ausschließendes Zusammenleben", dem alle Einzelinteressen ein- und unterzuordnen seien[10]. Max Weber objektiviert den Begriff der Gemeinschaft und spricht von „Vergemeinschaftung", die er als „subjektive, gefühlte (affektuelle oder traditionale) Zusammengehörigkeit der Beteiligten" kennzeichnet[11]. Vierkandt versucht „gemeinschaftsnahe" und „gemeinschaftsferne" Verhältnisse gegeneinander abzustufen und versteht unter „Gemeinschaft" vor allem die Lebensgemeinschaften[12].

In dem von uns zu erörternden Zusammenhang ist die von Gurvitch getroffene Unterscheidung in ‚Masse', ‚Gemeinschaft' und ‚Kommunion' hervorzuheben[13]. Die „Gemeinschaft" zeichnet sich aus durch einen „mittleren Grad von Verbundenheit" und hat — nach der Auffassung Gurvitchs — „die besten Überlebenschancen". Den Gesellschaftsbegriff nimmt Gurvitch für großgesellschaftliche Systeme, „globale Gesellschaften", etwa die Nationen, in Anspruch[14].

Unter der Bezeichnung „Masse" werden von der heutigen Soziologie zwei Gebilde ganz verschiedener Struktur zusammengefaßt; einerseits eine Masse, die es in der Geschichte zu allen Zeiten gab; andererseits ein Gebilde „Masse", das für die gegenwärtige Epoche, für die Industriegesellschaft charakteristisch, in ihr herrschend ist, ein spezifisches Produkt des industriegesellschaftlichen Prozesses selbst; nach Michel eine *„Ersatz-* und *Scheinbildung* eines menschlichen Urphänomens, nämlich des *Gemeinwillens,* der als Kraft zur Übereinstimmung Gemeinschaft stiftet."

Dem in den sozialmedizinischen Institutionen tätigen Arzt stellt sich die Frage: Ist eine menschliche Durchdringung des Gebildes „Masse" möglich, eine humanisierende Tendenz wirksam?

---

[10] *R. König*, Die Begriffe Gemeinschaft u. Gesellschaft bei Ferd. Tönnies, in: Kölner Zschr. f. Soz. u. Soz. psych. VII, 3, 1959.

[11] —, in: Fischer Lexikon „Soziologie", Frankfurt 1958, S. 87.

[12] *A. Vierkandt*, Gesellschaftslehre, Stuttgart 1928, zuerst 1922.

[13] *G. Gurvitch*, La vocation actuelle de la sociologie, Paris 1958, 1. Bd., zuerst 1950.

[14] *G. Gurvitch*, Déterminismes sociaux et liberté humaine, Paris 1955.

Hans Freyer hat vor Jahrzehnten in der „Theorie des gegenwärtigen Zeitalters" diese Frage untersucht: Den spezifisch negativen Einwirkungen des technisch-industriellen Zivilisationsprozesses auf das Gefüge des menschlichen sozialen Lebens, also auch das der Gemeinschaften, seien solche gegenüberzustellen, die den „primär zugeordneten Nährboden für die Entfaltung und Entwicklung der menschlichen Anlagen" darstellen[15]. Es liege nicht nur in der „Natur" des Menschen, „in Gesellschaft zu *leben*", sondern auch „*von ihr mitbestimmt zu werden*". Durch den Prozeß der Zivilisation entstehe ein sozialer Raum, „ein Sammelbecken von Erfahrungen und Überlieferungen", das allerdings dem Menschen viele Möglichkeiten versage, „vor allem das Unvorhersehbare, das *Abenteuer*, aber auch die willkürlichen und gewaltsamen Lösungen".

In diesem Prozeß erweisen sich „eine Fülle von Antrieben im sittlichen Haushalt des Menschen" als fremdbestimmt, als „Antriebe und Handlungsmotive, die nicht in ihm selbst aufspringen, sondern durch die sozialen Institutionen erweckt und von ihnen gespeist werden".

Wenn hier einerseits — vergleichbar mit der Auffassung Arnold Gehlens — technisch-zivilisierte Massengesellschaft als „produktive *Wechselbeziehung* zwischen primären Anlagen des Menschen und der Wirkungsweise der Gehalte und Situationen eines einseitigen und zwingenden Industrialisierungsprozesses" beschrieben, zum anderen aber das Ausmaß individueller Entscheidungsfreiheit, individuellen Lebensraumes der Person diesem Prozeß zum Opfer gebracht wird, — wie Gehlen sagen würde — zum Opfer gebracht werden soll, so stellt sich *die vordringliche Frage nach der humanisierenden, das heißt menschlich sich gestaltenden oder aber destruktiven, das heißt nur objektivierenden und anonymisierenden Entwicklung eines solchen gesellschaftlich autonom gewordenen Prozesses.*

Gegenüber vorindustriellen sozialen Ordnungen ist die moderne Sozialstruktur nach dem Modell des sogenannten „sekundären Systems" (Freyer) konstruiert; nicht der gewachsene Grund ancienner Gesellschaftsgebilde, sondern die durchgreifende Wirkung technisch-industriell bestimmter gesellschaftlicher Strukturen zwingt den Menschen zur Anpassung an die Herrschaftsfunktionen dieser Gesellschaft, verkörpert durch die gesellschaftsmächtigen Institutionen, gleich ob diese sich ökonomischer oder politischer Mittel zur Durchsetzung ihrer aper-

---

[15] *H. Freyer*, Theorie des gegenwärtigen Zeitalters, Stuttgart 1963.

sonalen, autonom gewordenen Kräfte und Ziele bedienen, denen der Mensch in seiner gesellschaftlichen Rolle genügen soll.

Sehen wir von den ideologischen Momenten einmal ab, welche die Strukturierung der Massen in einer apersonalen Gesellschaft besorgen. Der Mensch als ein seinem personalen Leben entfremdetes funktionales Element ist nur noch „Nährstoff", „atomarer" Bestandteil dieses Prozesses, und zwar nicht nur als Arbeitskraft, sondern auch — als Kranker.

Ein solcher Prozeß bleibt nicht nur auf bestimmte Schichten beschränkt; in einer strukturierten Massengesellschaft wird so gut wie jeder Mensch von ihm erfaßt. Diesen von Alfred Weber früh erkannten zwangsläufigen Zusammenhang präzisiert J. Habermas in der Neuverwendung des im 19. Jahrhundert aufgekommenen Begriffs des „Pauperismus"[16]; an die Stelle der ökonomischen Verarmung ist die „an menschlicher Substanz und Produktion im Konsum" getreten, ein gefährlicher Schrumpfungsprozeß der dem Menschen gegebenen Fähigkeiten, eine wachsende Qualitätslosigkeit der menschlichen Existenz.

Das Fazit einer solchen Entwicklung lautet für Habermas, es könne der Pauperismus in Gestalt der „menschlichen Verelendung durch den Konsum" nur gleichzeitig mit dem „Pauperismus der Produktion" — des funktionalisierten Arbeitssektors — „ausgetrieben werden, während Gehlen der menschlichen Kultur selbst in einer düsteren Prognose ein bereits abzusehendes Ende setzt, falls Kultur und persönliches Leben *neben der Apparatur* des Industriezeitalters konserviert werden sollten[17]. Die Flucht nach vorn bedeutet für ihn: Unterbringung „anspruchsvoller Tendenzen geistiger Existenz im *Apparat* selber", während Freyer Möglichkeiten einer Ansiedlung der „Humaniora" in den Werkhallen, am Fließband und „im Neonlicht der Großbüros" schlechthin in Frage stellt.

Wir könnten diese bedeutsamen Alternativen beliebig vermehren, etwa mit Schelsky, der als den charakteristischen gesellschaftlichen Wandel der Gegenwart „die Herausbildung der *hochindustriellen Freizeit- und Verbrauchergesellschaft*" mit ihrem erheblichen sozialen Sicherungsbedürfnis in einem ständig zu steigernden Lebensstandard

---

[16] *J. Habermas*, „Pauperismus" (Die Dialektik der Rationalisierung), in: Merkur, Aug. 1954.

[17] *A. Gehlen*, Die Seele im technischen Zeitalter, Rowohlts dtsch. Enzyklopädie, Hamburg 1957.

materieller und pseudokultureller Art sieht[18]. Schelsky vermerkt — nicht so sehr in der atomisierten Spezialisierung der beruflichen Strukturen als vielmehr — in der „Gewalt der dauernden Wunscherzeugung" eine Kraft, die die Person nivelliert und diese sich selbst entfremdet.

Gibt es eine Chance, dieser Entwicklung zu entkommen?

Freyer empfiehlt den geschichtlichen Prozeß der Menschheit selbst als eine „Hoffnung für die Zukunft"; dieser habe gezeigt, daß das geschichtliche Erbe in entscheidender Weise immer wieder neue „produktive Möglichkeiten" erschlossen habe, da immer nur gewisse Schichten unserer Menschlichkeit von der Entfremdung betroffen worden seien, während darunter andere Schichten „im Zustand der Unversehrtheit" ihrer Stunde harrten. Nicht an ein naturrechtliches Fundament des Menschen ist hier von Freyer gedacht; es sei vielmehr die den Menschen auszeichnende „Menschlichkeit" eine allen Menschen gemeinsame Anlage und Möglichkeit, und die Erstarrungstendenz technisch-industrieller Gesellschaftsform könne nicht als ein endgültig den Menschen treffendes Fatum ausgelegt werden. Vielmehr sei damit zu rechnen, daß der „Fonds an Erbkräften u. a." in den noch nicht industrialisierten Ländern diesen Zustand überwinde, indem er sich technisch-industrielle Produktionskräfte auf neue Weise aneigne. Für Schelsky oder Wurzbacher gilt als Reservoir solcher Kräfte die Familie, wenngleich diese in einer technisch-industriellen Situation rasch *an innerer Substanz* zu verarmen drohe[19]. Und Gehlen wiederum glaubt Ansätze zu einer Wandlung der Vermassung bei den sogenannten *Kleinstverbänden* und *Intimgruppen* sehen zu sollen, den informellen Gruppenbildungen innerhalb und außerhalb des Berufs. Er bezeichnet diese in ihrer Gesamtheit förmlich als den „Zement des Gesamtgebäudes der Gesellschaft"[20].

Eine weitere Möglichkeit positiver gesellschaftlicher Entwicklung sieht schließlich Freyer in dem dialektischen Umschlag der sich ausbreitenden Sozialstrukturen industrieller Massengesellschaft selbst. Die immer differenziertere Gestaltung dieses Apparates — habe sie erst einmal

---

[18] *H. Schelsky*, Gesellschaftlicher Wandel, in: Offene Welt, Nr. 41, 1956.
—, Wandlungen der deutschen Familie in der Gegenwart, Stuttgart 1955.
[19] *G. Wurzbacher*, Leitbilder gegenwärtigen deutschen Familienlebens, Stuttgart 1954.
[20] *A. Gehlen*, l. c. zit. bei E. Michel, l. c., S. 166.

eine gewisse Dimension erreicht — verlange dann nicht mehr nach der anonymen, apersonalen menschlichen Funktionalität, dem „Nährstoff Mensch", sondern nun erst wirklich nach dem Menschen als einem differenzierten produktiven Wesen. Nicht ein Hinopfern der Person an die Institution, sondern ein nun erst recht Zur-Geltung-Kommen der Person in der Institution sei der bevorstehende — zumeist noch zu entdeckende — Schritt einer positiven Entwicklung moderner Gesellschaft, und diese Entdeckung verbürge dann auch eine positive Rückwirkung auf die Gruppen- und Gemeinschaftsstrukturen der engsten Lebensbereiche des Menschen selbst. Eine konkrete Anleitung zu deren Verwirklichung bietet Freyer allerdings nicht.
Wie fügt sich die gesellschaftliche Situation des Kranken in diesen Bereich?

Ich möchte mich zunächst vom Ärztlichen her dieser Frage annähern und von einem Kranken berichten:
Der jetzt etwa vierzigjährige verantwortliche Leiter einer halbstaatlichen Verwaltung wurde mir von einem ärztlichen Kollegen zur psychotherapeutischen Behandlung überwiesen. Es hätten sich in der letzten Zeit erhebliche Unstimmigkeiten in seiner persönlichen Mitwelt ergeben, die bei dem Kranken zur Anstauung von Emotionen und zu einer starken Unruhe geführt hätten.
Vor vier Jahren hatte der Kranke wegen einer bösartigen Geschwulst oberhalb des Kniegelenks das rechte Bein verloren. Offensichtlich war bei dem Patienten der richtige Zeitpunkt verpaßt worden, in welchem durch eine Amputation oberhalb des Kniegelenks alle Zellnester der Geschwulst hätten ausgerottet werden können. In einer dreimaligen operativen Prozedur verlor der Kranke zunächst das Bein oberhalb des Kniegelenks, dann im oberen Drittel des Oberschenkels; und zuletzt blieb keine andere Möglichkeit, als den Amputationsstumpf im Hüftgelenk zu exartikulieren. Nach dieser eingreifenden Operation regenerierte sich die riesige Wundfläche nur sehr zögernd. Es bildeten sich über Wochen tiefe Nekrosen im Bereich der Gesäßmuskulatur, und erst nach Monaten gelang eine sekundäre Wundheilung mit spärlicher Überhäutung. Dieser Prozeß dauerte insgesamt ein Jahr. Der Kranke aber ließ sich keine Ruhe, er erhob sich ständig, so bald wie möglich, von seinem Krankenlager und ließ sich in seinen Betrieb fahren, um dort die nötigsten Arbeiten zu erledigen, die ihm als dem selbständigen Geschäftsführer eines großen Industriewerkes zufielen.

Als ein sportlich trainierter Mann bewegte er sich nach Überwindung kleiner Kreislaufattacken sehr rasch und sehr geschickt auf Krücken. Er schildert das Krankenlager als äußerst schmerzhaft und verzweifelt. Nur der Glaube, daß dieses sein Leben ihm bestimmt sei, habe ihn vor dessen abrupter Beendigung zurückgehalten. Über ein Jahr lang waren starke Schmerzmittel notwendig, um die anfallsweise sehr erheblichen Schmerzen im Wundbereich zu mildern.

Eine darartige Krankengeschichte mit dem positiven Vermerk, seit fünf Jahren habe sich eine weitere Ausbreitung der Geschwulst nicht gezeigt, ist ein sozialmedizinisch und sozialökonomisch positiv zu wertendes Faktum.

Die ‚wahre Situation' des Kranken aber war doch noch eine ganz andere.

Es hatten sich bei dem Kranken plötzlich eintretende Ohnmachtsanfälle gehäuft. Als er eines Tages ohnmächtig vor dem Waschbecken liegend aufgefunden wurde, begann die häusliche Situation prekär zu werden; er selbst motivierte die Einweisung ins Krankenhaus mit dem Satz: „Ich wollte meiner Familie nicht weiter zur Last fallen und ihr diesen Anblick nicht noch zumuten."

Man dachte zunächst an Metastasenbildung im Gehirn. Dieser Verdacht ließ sich aber klinisch rasch entkräften. Man stellte eine relativ harmlose hypertonische Regulationsstörung fest und deutete die Kollapszustände als orthostatischen Kollaps. Ohnmachtsanfälle solcher Art traten bei dem Kranken *nach* der Entlassung aus dem Krankenhaus bei leichter Kreislaufmedikation nicht mehr auf.

Schon in einem ersten längeren Gespräch mit dem Kranken zeigt sich folgendes:

Er ist der mittlere von drei Söhnen eines Arztes. Die übrigen Söhne sind in die Fußstapfen des Vaters getreten; er bezeichnet sich als das „schwarze Schaf" in der Familie, da er Chemiker geworden sei.

Beruflich blieb dem Kranken nach Abschluß des Diploms keine andere Wahl, als in die Industrie zu gehen. Hier schien er Glück zu haben, er avancierte rasch zum Geschäftsführer eines selbständigen Werkbetriebs. Er setzte nun alle seine Kräfte ein, um dieses Unternehmen florieren zu lassen. Das geschah ohne Rücksicht und Bedenken mit dem sicheren Gefühl: „Auf meine physischen Kräfte kann ich mich absolut verlassen." Er lebte auf großem Fuße, seine Familie schien ihm wenig zu bedeuten, er reiste ständig per Flugzeug durch die Welt, Geld spielte keine Rolle, sein Einkommen war üppig. Der Umsatz wuchs, es dauerte kaum drei Jahre, dann hatten sich die Umsätze des Werkes verdoppelt, und das blieb für eine ganze Weile so, bis wie ein Blitz aus heiterem Himmel zunächst Schmerzen im Bereich des rechten Kniegelenks sich einstellten, die in den Oberschenkel hinaufzogen. Die ischias-artige Natur dieser Schmerzen ließ auch die Fachärzte nur eine Ischiasneuralgie vermuten. Dann aber bildete sich nach acht Wochen ziemlich rasch jener kindsfaustgroße Tumor oberhalb der Kniekehle, dessen operative Entfernung die bedenkliche Diagnose brachte.

Das erschien dem Kranken wie ein Fingerzeig Gottes, ein Einbruch in sein persönliches Schicksal, der sein ganzes Leben wandelte.

Die Mitteilung der Diagnose und der Notwendigkeit einer ersten Amputation nahm der Patient gelassen hin, die einer zweiten schweren Herzens; die Mitteilung, daß, um ihn mit einiger Wahrscheinlichkeit am Leben zu erhalten, eine Amputation im Hüftgelenk stattfinden müsse, was bedeuten konnte, daß er unter Umständen überhaupt nicht mehr sitzen könne, stürzte ihn in eine katastrophische Verzweiflung. In dieser Zeit — so berichtet er — habe ihm geistlicher Beistand über die Verzweiflung hinweggeholfen. Zugleich aber breitete sich eine undurchdringliche Wand zwischen ihm und seiner Umwelt aus, und die mitmenschliche Kommunikation vollzog sich „wie durch eine Glaswand hindurch".

Seine Bemühungen um das Geschäft setzten sich — wie schon gesagt —, soweit das möglich war, mit unverminderter Intensität fort. Er schildert diesen Zustand, in dem er die Atmosphäre gängiger beruflicher Tätigkeit überhaupt meint, mit den Worten: „Es ist wie ein großes Tretrad, man steigt ein, setzt das Rad in Betrieb und setzt seinen sportlichen Ehrgeiz ein, um das Rad immer schneller sich drehen zu lassen, aber dann merkt man plötzlich nicht mehr, daß man selbst gar nicht dieses Rad in Bewegung setzt, sondern daß es längst durch fremde Kräfte in Bewegung gehalten wird und ein immer rascheres Tempo einschlägt."

Durch dieses Bild — so meint der Kranke — sei auch erklärt, warum man dann nicht mehr „aussteigen" könne, wenn nicht etwas Außerordentliches passiere, und so ginge es eigentlich heute jedem in der Industrie. Dem entsprach, was er selbst gar nicht bemerkt hatte, daß mit zunehmender Dauer seines Krankenlagers im Aufsichtsrat bereits ganz andere Beschlüsse gefaßt worden waren.

Hatte man ihn in den ersten Wochen seines Krankenlagers — nach der ersten Operation — völlig in Sicherheit gewiegt, ihm gute Besserung, rasche Rückkehr gewünscht, so war schon nach der zweiten Amputation eine Zurückhaltung der Geschäftsleitung spürbar, und bereits drei Wochen nach der dritten Operation setzte man ihm den Stuhl vor die Tür! Es scheint nicht falsch zu sein, hier zu sagen, daß mit der Exartikulation des rechten Beins im Hüftgelenk eine Exartikulation des Kranken aus dem Betrieb zeitlich einherging. Man erklärte ihm kurzerhand, die neuere Operation habe ja erwiesen, daß das Leiden fortschreite.

Der Kranke selbst hatte nach der zweiten Operation die Ärzte von der Schweigepflicht entbunden, damit der ärztliche Bericht die Geschäftsleitung davon überzeugen könne, daß mit einer baldigen Genesung zu rechnen sei. Auch die Diagnose war mitgeteilt worden. Die Geschäftsführung hatte sich an anderer Stelle erkundigt, welches die möglichen Folgen einer solchen Erkrankung sein könnten, und in Erfahrung gebracht, daß man nicht sicher wissen könne, ob nicht schon in nächster Zeit die bösartige Geschwulst sich weiter ausbreite und dem Leben des Kranken ein Ende setze.

Zudem hatte die Geschäftsleitung festgestellt, daß im letzten halben Jahr, das heißt während der inzwischen auf etwa vier Monate angestiegenen Fehlzeit des Kranken, der Umsatz des Zweigbetriebs nicht um fünfzig Prozent, sondern nur um zwanzig Prozent gestiegen war; man zog daraus die einfache Bilanz der fristlosen Entlassung des Kranken aus seinem Vertrag, indem man ihm erklärte, durch die neuen gesundheitlichen Bedingungen sei der Vertrag nicht mehr erfüllt, und dies gehe zu Lasten des Kranken selbst.

Versuche einer rechtlichen Intervention von seiten des Kranken blieben erfolglos. Er suchte Hilfe beim Sozialgericht, aber fand sie dort nicht, denn er gehörte zu dem Kreis der Arbeitgeber.

Sodann wandte er sich an einen Rechtsanwalt und ließ sich am Zivilgericht vertreten, aber auch hier drang er nicht durch, da das Industriewerk über sehr viel qualifiziertere Rechtsvertreter verfügte, für die es keine Mittel scheute. Seine Klage wurde abgewiesen.

Als er mit der Geschäftsführung um die Ablösung seines Vertrages in Verhandlung trat, indem er die Geschäftsleitung auf die Einhaltung der Karenzklausel hinwies, erklärte man ihm schlichtweg, zwar habe er ein Anrecht auf diese Klausel, aber er als ein todkranker Mann könne nicht damit rechnen, je wieder bei einem Konkurrenzunternehmen in eine vergleichbare Position zu kommen; es sei daher die Erfüllung der Karenzklausel für die Firma uninteressant, und er möge darauf verzichten. Als er rechtliche Schritte gegen diese Entscheidung unternahm, wurde ihm eröffnet, er könne zwar mit einer gewissen Sicherheit durch einen langwierigen Rechtsstreit die Karenzablösung einklagen, doch habe die Firma ja noch eine ihm zu übertragende beträchtliche Lebensversicherung in Händen, die in Zusammenhang mit der Vertragserfüllung seinerzeit von der Firma abgeschlossen worden war. Rechtlich bestehe kein Zweifel an der Aushändigungspflicht dieses Versicherungsvertrages. Indessen würde die Firma es auch hier auf einen Rechtsstreit ankommen lassen, indem sie sich entschließe, ihm die Lebensversicherung zunächst nicht auszuhändigen. Frühestens nach Ablauf von zwei Jahren würde er über diese Versicherung verfügen können, und er habe es daher selbst in der Hand zu entscheiden, ob er im Falle seines Ablebens seine Familie unversorgt zurücklassen wolle, da doch nach ärztlicher Aussage mit großer Wahrscheinlichkeit eine Exazerbation des Tumorleidens seinem Leben schon vor dieser Zeit ein Ende bereiten werden. Man empfehle ihm daher, von sich aus auf die Karenzklausel zu verzichten, dafür aber Zug um Zug die Lebensversicherung ausgehändigt zu bekommen. Es bot sich für den Patienten nun keine Möglichkeit mehr, durchzudringen. Seine Situation, der körperliche und seelische Zusammenbruch, die Widerstandsunfähigkeit physischer und psychischer Natur, die Hilflosigkeit in rechtlichen Geschäften, ja die völlige Schutzlosigkeit und Entblößung von jeder rechtlichen Unterstützung bewog ihn, auf diesen Vorschlag einzugehen und sich endgültig aus dem Betrieb zurückzuziehen. Nicht nur seine physische, auch seine psychische Standfestigkeit in diesem Bereich hatte er eingebüßt. Nirgends zeigte sich eine wirksame und durchgreifende Hilfe.

Daß die Wundheilung sich in der Folge über ein Jahr hinzog, daß es dem Kranken nicht gelang, trotz unzähliger Versuche auch durch den Einsatz seiner Freunde, wieder in eine ihm zusagende Position zu kommen, daß sich durch die neue Art der Behinderung seine eigene Lebensart und sein früherer Lebensstil völlig ändern mußten, daß anfallartige heftigste Kausalgien — Schmerzen im Wundgebiet des Stumpfes — ihm stunden- und tageweise das Leben zur Hölle machten, das alles stürzte ihn in eine innere Krise, aus der er sich nur langsam und nur mit Hilfe des geistlichen Beistandes erheben konnte.

Seiner Frau und ihm gelang es, in zäher, nicht nachlassender Bemühung einen Freundes- und Bekanntenkreis zu schaffen, so daß sein Haus nach und nach zum Zentrum abendlicher Gespräche mit Freun-

den und Nachbarn wurde: Ernste Gespräche und Hilfe für Ratsuchende, gelegentlich Spiel und Musik, ein starkes Bemühen um das Wohl der Kinder waren nunmehr Lebensaufgaben, die an die Stelle einer hektisch betriebenen beruflichen Tätigkeit, einer Gewinnmaximierung zu Gunsten eines anonymen Geschäftsunternehmens traten. Doch zugleich blieb die unmittelbare Existenz bedroht durch die endlose Suche nach neuen beruflichen Möglichkeiten, ein rasches Aufzehren der geringen Ersparnisse, eine auch gesundheitlich ungesicherte dunkle Zukunft.
Seine Frau entschloß sich, halbtags beruflich tätig zu werden. Das bedeutete, daß sie neben der beruflichen Tätigkeit den großen Haushalt weiterführen mußte. Mittel für eine Haushaltshilfe waren nicht da.
Schließlich gelang es ihm, durch Vermittlung von Freunden einen verantwortlichen Verwaltungsposten zu übernehmen, den er noch heute innehat. Er verbringt zehn Stunden des Tages in aufrechtsitzender Stellung am Schreibtisch, erledigt seine Verwaltungsgeschäfte glanzvoll und zur völligen Zufriedenheit der Behörde, ist beliebt bei seinen Arbeitskollegen und Untergebenen und zeigt sich befriedigt über diese neue Tätigkeit.
Dennoch plagen ihn anfallsartig auftretende heftigste Schmerzattakken.
Er schildert diese Schmerzen an verschiedenen Stellen seines in der Vorstellung noch gänzlich vorhandenen rechten Beines! Diese sogenannten Phantomschmerzen sind nach Amputation nicht selten. Es ist auch bekannt, daß Phantomglieder bei einigen Amputierten in voller Ausdehnung erhalten bleiben, das heißt, der Kranke ist in der Lage, das ganze Glied so wahrzunehmen, als ob es noch unversehrt vorhanden sei. Es gilt als ein prognostisch günstiges Zeichen, wenn das Phantomglied sich innerhalb einer bestimmten Zeitspanne nach der Operation zurückbildet. Das ist die übliche Entwicklung.
Bei dem Kranken ist das Phantomglied noch in voller Größe da, es läßt sich bewegen, wenn auch unter Schwierigkeiten. Er schildert die an ihm auftretenden Schmerzen in drei Bereichen: im Bereich der Zehen, der Fußknochen und im Bereich des Stumpfgebiets.
Treten die Schmerzen anfallsweise auf, so gleichen sie Folterqualen, so, „als ob die Zehen wie Nudeln durch eine Gabel aufgerollt würden und so, als ob die Knöchel von starker Gewalt umgebogen würden; im Stumpfbereich bildet sich eine Art eiserner Ring, der den Stumpf von

dem Phantomglied abtrennt. Dieser Ring wird durch Klammern mit großer Gewalt zusammengezogen. Gleichzeitig entsteht eine Schmerzempfindung, als ob glühende dicke Drähte durch die Beckenschaufel gezogen würden und als ob ein armdicker Balken in das Fleisch des Stumpfes eingetrieben würde.

Während sich die Schmerzen in dem Phantomglied durch leichte Analgetica und evtl. auch durch Anstrengung einer Art autogenen Trainings mildern lassen, sind die Schmerzen im Stumpfbereich nur durch starke Analgetica oder Alkaloide zu bekämpfen. Objektiv sind die Verspannungszustände der Muskulatur im Stumpfbereich extrem stark ausgeprägt.

Ist damit die gesamte, nicht nur psychische, sondern auch somatische Situation des Kranken ins Blickfeld gerückt, so muß nun weiter gefragt werden: Welchen Stellenwert im Leben des Kranken haben die Ohnmachtsanfälle, welchen Stellenwert hat die somatische Behinderung für ihn, auch für die eigene Wertschätzung; wie denken die Mitmenschen seines eigenen Familien- und Freundeskreises über ihn; welches ist sein künftiger Lebensentwurf, wie gestaltet er seine berufliche Existenz?

Die Einsatzbereitschaft im Beruf zeigt ein Ausmaß an, das den Verhaltensweisen anderer auf einem solchen Posten widerspricht — sehr zur Freude der Vorgesetzten. Obwohl man ihm — wie er selbst sagt — in allen seinen Wünschen entgegenkommt, ist es ihm nie eingefallen, die zehnstündige sitzende Position einmal durch eine Stunde Mittagsruhe in wagerechter Lage zu unterbrechen. Er wagt nicht, in seinem Arbeitszimmer eine Couch aufzustellen; denn das entspräche nicht dem Arbeitsmilieu. Zwar will der Arbeitgeber einen Spezialstuhl anfertigen lassen, aber über bestimmte Vorstellungen, wie dieser Stuhl aussehen könnte, ist die Sache nach zweiundeinhalbjähriger Dienstzeit noch nicht hinausgelangt.

Die innere Unruhe, die ihn umtreibt, beunruhigt ihn selbst. Er hält sie nieder durch einen diszipliniert sich äußernden offiziersartigen Habitus. Er fühlt sich an den Abenden zu Hause — wie er sagt — wohl. Ihm gefällt und ihm bekommt die beratende Funktion, die er im Kreise seiner Familie und bei Freunden und Nachbarn einnimmt. Aber er vermißt eine gewisse natürliche und selbstverständliche Gelassenheit im Kreise seiner Nächsten. Daß er sich auf seine physische Gesundheit nun wirklich nicht mehr verlassen kann, kündigen die Ohnmachtsanfälle an, und er weiß nicht, ob ihn nicht übermorgen die

Nachricht erreicht, daß sich Reste der Geschwulst an neuem Ort ausgebildet haben. Er selbst kennt die ungünstige Prognose eines solchen Ereignisses, falls es eintritt; eine Röntgentherapie dieser Geschwulstart ist nicht möglich, operative Eingriffe jenseits des Beckengürtels sind deletär. Sein Krankheitsschicksal birgt Katastrophenmöglichkeiten wie bei einem drohenden Vulkanausbruch.

Die geschilderte Krankengeschichte erläutert den Prozeß „Gesellschaft contra Person". Wir erfahren aus ihr nicht nur etwas über die Situation des Kranken in der Gesellschaft, sondern auch über die sozialpathologische Situation des Kranken und der Krankheit. Es zeigt sich hier eine Verschränkung der personalen und der gesellschaftlichen Situation.

Die Schrumpfung des Gemeinschaftsfeldes zieht sich wie ein roter Faden durch die Biographie des Kranken hindurch. Schon in früher Kindheit schreckt ihn die tyrannische Gestalt des Vaters. Mehrfach hat dieser in seiner Wut auf die Kinder mit der geladenen Pistole angelegt und sie bedroht. Der ältere Bruder tut ein Gleiches und bedroht den Patienten ebenfalls mit der geladenen Pistole, indem er nach Wilhelm-Tell-Manier auf Gegenstände in der Nähe des Patienten schießt. Dieser wird einmal durch einen Streifschuß getroffen. Der deletären Entwicklung der Beziehungen zu den Familienangehörigen im Elternhaus folgen die immer stärker sich reduzierenden Beziehungen zur eigenen Familie durch den Einbruch der beruflichen Sphäre, die den Patienten gänzlich gefangennimmt. Die Reduktion auf den anonymen gesellschaftlichen Bereich der beruflichen Arbeit wird nach dem katastrophischen Ereignis der Krankheit abgelöst von einem neu versuchten Aufbau des Gemeinschaftsfeldes.

Es gelingt dem Kranken, in der eigenen Familie und auch in seiner neuen beruflichen Sphäre, Ansätze zu einer neuen, tragfähigeren Gemeinschaft zu begründen. Aber der Druck, die Angst, die Ohnmacht, die Erschöpfung, die Rückzugstendenz letztlich aus allen diesen Bereichen zeigt sich in der Labilität seiner psychischen Situation und schließlich auch in den orthostatischen Kollapszuständen.

Das Paradigma industriell-gesellschaftlicher Anonymität und Inhumanität spricht für sich selbst. Der Kranke hat, solange es ihm gut ging („auf meine physische Gesundheit kann ich mich verlassen"), den eigenen Arbeitseinsatz mit der anonymen Struktur des Unternehmens und dessen außermenschlichen Kräften verwechselt. Er hat sich mit dieser Unternehmung identifiziert. Das ist ein verhängnisvoller Irrtum, doch die beruflichen Bemühungen bei dem Kranken waren ausgerichtet auf eine menschlich bezogene Leistung, eine Bewährung, ein Durchhaltevermögen, eine Idealität des Erringbaren und Erreichbaren, eine Nutzbarmachung vorhandener Materien und Kräfte, kurzum all das, was eigentlich die Lebenssphäre und das Interesse eines menschlich durchdrungenen Unternehmens ausmachen sollte. Er aber hatte die Realität dessen, was war, völlig verkannt. Das wird ihm mit dem Satz quittiert: „Ihre Leistungen und Verdienste in der Vergangenheit interessieren uns nicht, uns interessiert die Zukunft des Unternehmens und sein Umsatz."

Innerhalb dieses gesellschaftlichen Bereiches gibt es keine „Habeascorpusakte" zum Schutz des Kranken[21], es gibt keinen Bezug zu menschlichem Schicksal, menschlicher Lebensart, menschlicher Not oder menschlichem Versagen. Es interessiert allein das apersonale physikalisch-ökonomische Kräftemaß des Nutzwertes. Doch gerade dieser Radikalisierung und Anonymität eines institutionalisierten Utilitarismus gegenüber erweist sich der Kranke als gänzlich widerstandslos. Sie bedeutet für ihn einen tiefgreifenden Einbruch in die eigene Lebensführung. Für ihn ist die Kränkung noch immer ein Objekt des Haders. Man würde vielleicht unter tiefenpsychologischen Gesichtspunkten die Motive zu diesem inneren Streit noch weiter zurückverfolgen können. Es nützt aber nicht viel, hier eine tiefenpsychologische Sekundärerklärung mangelnder menschlicher Selbstbehauptung einzuführen. Jetzt, nach der Katastrophe, steht die konkrete Wirklichkeit im Raum, und hier kann nicht abgesehen werden von der gesellschaftlichen Dimension der Kränkungen, deren Folgen nicht nur für die Person des Kranken, sondern auch für sein gesellschaftlich sich gestaltendes Lebensschicksal bestimmend geworden sind: in Hinsicht auf den somatischen Prozeß, das Handicap der verlorenen Extremität und die daraus resultierenden Einschränkungen der eigenen Lebenssphäre.

Wir können auch nicht rechten über die mangelnde Bewältigung mancher Teilbereiche des persönlichen Schicksals. Hic et nunc sind therapeutische Entscheidungen zu fällen; hic et nunc stehen menschliche Lebensschicksale — die des Kranken und seiner Familie — auf dem Spiel. Hic et nunc soll etwas zur Wertfrage der Person und des Men-

---

[21] *V. v. Weizsäcker*, Zum Begriff der Arbeit, in: Synopsis. Festgabe für Alfred Weber 1949, S. 705.

schen überhaupt in Krankheit, soll etwas zur Wertfrage des Prozesses „Gesellschaft contra Person" gesagt werden, und das nicht nur theoretisch, sondern therapeutisch konkret.

Es hat im Verlauf der Jahrtausende — bis zum heutigen Tage — nicht an gesellschaftlichen Vorschlägen gefehlt, in der Natur und unter Menschen das „wertlose" oder „nutzlose" Leben einfach zu töten. Ob wir die eugenischen Bemühungen, die ideologische Ausrichtung von Therapie und Sozialhygiene auf einen biologischen Leistungsstandard, ob wir die Unbrauchbarkeit der Alten und Schwachen in der Gesellschaft, oder ob wir die neuesten Vorschläge der Humanistischen Union und anderer zur Euthanasie ins Auge fassen, überall zeigt sich das vordergründige Argument unnützer, d. h. die Gesellschaft „ökonomisch belastender" Prozesse, sogenannten lebensunwerten Lebens. Das ist eine folgerichtige Konsequenz aus dem autonomisierten, inhuman gewordenen Produktionsprozeß, wie ihn auch die Krankengeschichte zeigt.

Sozialpathologie heißt hier, daß menschliches Schicksal, daß der Mensch als Person, daß Dimensionen der echten menschlichen Gemeinschaft anonymen, nicht selten ideologisch interpretierten und gerechtfertigten gesellschaftlichen Dogmen zum Opfer gebracht werden.

Auch für die isoliert-naturwissenschaftliche Betrachtungsweise bedeutet Krankheit nichts anderes als einen physikalisch-chemischen oder morphologisch faßbaren Prozeß, der nicht sein soll. Und bei dieser verkürzten Interpretation der Krankheit läßt sich von jeder gesellschaftlichen Dimension, aber auch von jeder menschlichen Dimension in Diagnose und Therapie absehen. Für die Medizin aber würde das heißen, daß in ihr das Ärztliche keinen eigentlichen Raum gewinnen kann. Allein die Verfügbarkeit technischer Mittel bestimmt dann ausschließlich den Gang der Behandlung und das Ausmaß erreichbarer Heilung.

Es geht nicht darum, diesen Prozeß in Frage zu stellen oder die ihm eigene Bedeutung zu reduzieren; es geht aber darum, zu erkennen, daß trotz der Virtuosität in der Beherrschung technischer Mittel die futurologische These der Ausrottung der Zivilisationskrankheiten und insbesondere der Infektionskrankheiten bis zum Jahr 2000 eine Utopie bleiben wird; unter riesigen Anstrengungen, dieses Ziel zu erreichen, wird das Menschenmögliche versäumt: die adäquate Bemühung der

Gesellschaft um den kranken Menschen selbst[22]. Noch heute ist ein aus dem Sanatorium geheilt entlassener Tuberkulose-Kranker ein Gemiedener, der Schizophrene ein Paria der Gesellschaft. Noch heute bedeutet eine Geisteskrankheit vielerorts ein gesellschaftliches Todesurteil oder jedenfalls das Urteil „lebenslänglich Anstalt" für den Kranken. Es ist noch nicht einmal überall möglich, die mitmenschlichen Gemeinschaftsbildungen als eine Grundbedingung der Rehabilitation psychisch Kranker, als *die* Grundbedingung ihres zukünftigen Lebensfeldes zu erkennen, geschweige denn zu fördern[23]. Während — veranlaßt durch die Erkenntnisse der neueren Sozialpsychologie — in den USA die Gemeinden dazu gewonnen werden können, sich um die Zukunft eines aus der Heilanstalt entlassenen Kranken unter Anleitung ausgebildeter Sozialhelfer zu bemühen, stößt bei uns dieser Versuch auf ungeahnte Hindernisse; denn es sind keine tragfähigen Institutionen da, die angesprochen werden könnten. Sozialhilfe für den Kranken heißt alternativ: gesetzlicher Anspruch auf Sozialhilfe — gleich welcher Art — oder ausschließlich Betätigung privater Hilfsbereitschaft und privaten Mitleids.

Die Wohn- und Arbeitsstruktur der meisten Menschen verbietet geradezu eine länger dauernde Pflege des Kranken in der eigenen Familie. Es fehlen Räume, es fehlt konkret an Zeit, dann aber auch an Einsicht und Neigung, zu erkennen, welche Momente eine häusliche Pflege sinnvoll machen könnten. Die Krankenhäuser werden ausschließlich zu kostenaufwendigen technischen Fabrikationsstätten, die gesellschaftliche ‚Zufluchtsburg' wird zu einer gesellschaftlichen Zwangsburg für den Kranken; die anonyme gesellschaftlich institutionalisierte technische Funktion des Heilgeschäftes droht auch die persönliche Initiative der ärztlichen Bemühung und der Krankenpflege nach und nach gänzlich zu vernichten. Denn der ausschließliche Geltungsbereich technisch-medizinischer Ausstattung und Leistung — so notwendig und verbindlich sie für die moderne Klinik immer sein mag — läßt kaum noch eine Alternative entstehen zu einer menschlich-gemeinschaftlich orientierten Behausung des Kranken, der er sich eine Zeitlang sorglos überlassen kann; worunter nicht verstanden werden soll, daß

---

[22] W. *Jacob*, Unbewältigter Fortschritt in der Medizin, in: Wege zum Menschen, Göttingen, 22 (1970) H. 2 S. 48.
[23] W. *Jacob*, Psychotherapie und Rehabilitation eines tauben Schizophrenen, in: Zschr. Psychotherapie 16 (1966) 150—158.

er nicht auch selbst angestrengt tätig sei in der Bemühung um die eigene Gesundheit.

Das ist die eine Seite der Entwicklung. Die andere zeigt positive Ansätze der naturwissenschaftlich und technisch gegebenen Möglichkeiten in der Bekämpfung früher mit Sicherheit zum Tode führender Erkrankungen.

Das Problem des Todes und des Sterbens ist aus der Medizin und aus dem „zivilisierten Bereich" anonymer Gesellschaft völlig verdrängt worden. Wir haben verlernt, das Leben unter dem Aspekt des Todes, des Lebensendes, eines historischen Ertrags des personalen Lebens zu sehen, also den Tod in die Wirklichkeit des Alltags einzubeziehen.

Die historische Dimension des Kranken ist durch die Psychoanalyse neu entdeckt und ins Blickfeld gerückt; aber es fehlt die gesellschaftliche Dimension der Gemeinschaftsbildung, in der Mensch — und insbesondere der kranke Mensch — sein Leben zusammen mit anderen Menschen zu entfalten vermag. Man ist eben dabei, die Kräfte der Gruppen- und Gemeinschaftsbildungen neu zu entdecken, wie man zuvor die Kräfte des Unbewußten, des psychischen Bereichs entdeckt hat. Wir können soeben wahrnehmen und erkennen, welche Dynamik und Struktur dieser Kräfte sich in den Lebensgemeinschaften der Ehe, der Familie, der Gruppen und der größeren von menschlichen Personen begründeten Gemeinschaften zeigt. Die Gegenseitigkeitsbeziehungen jedweden menschlichen Daseins — von denen sich weder physisch noch geistig oder geistlich absehen läßt — als *die* gestaltenden Kräfte unserer menschlichen Existenz zu erkennen, gelingt uns in unserer rein rationalen und objektivierenden Betrachtungsweise der menschlichen Person immer noch schwer[24]. Und die ideologisch bestimmten menschlichen Gemeinschaften sind zumeist nicht solche einander wirklich begegnender menschlicher Personen, sondern sie sind oft nur Institutionen äußerlich aufeinander bezogener Glaubensakte, unter deren Herrschaftsanspruch und dogmatischer Abstraktion die lebendige Existenz des Glaubens zu verkümmern droht.

So auch bei dem Kranken, dessen Lebensunsicherheit auch darin zum Ausdruck kommt, daß er sich in seinem Leben wie durch eine Wand von allen Menschen eigentlich getrennt sieht, welche die Sphäre seines

---

[24] W. *Jacob*, Gesellschaftliche Voraussetzungen zur Überwindung der KZ-Schäden, in: Nervenarzt 32 (1961) 542—545.

Glaubens oder Unglaubens in Frage stellen. Er sieht sich hier nicht geborgen, sondern recht eigentlich gefährdet.

Die therapeutische Dimension menschlicher Gemeinschaft kann nur dann hervortreten, wenn sie den Kranken aufzunehmen in der Lage ist, ohne an diese Aufnahme Bedingungen zu knüpfen, die dem Wesen des Kranken zuwiderlaufen. Denn das ist der Ertrag der Nüchternheit naturwissenschaftlicher und überhaupt wissenschaftlicher Erkenntis — auch im tiefenpsychologischen und sozialpsychiatrischen Bereich —, daß hier nicht Bedingungen gestellt, sondern Möglichkeiten einer produktiven Existenz des Kranken erst entdeckt und geschaffen werden müssen (oft unter großen Anstrengungen), die sowohl für den Kranken als für die ihn auf seinem Weg begleitenden Mitmenschen verbindlich werden könnten[25].

Das wäre eine diakonische Aufgabe, orientiert an der ärztlichen Erfahrung, deren erweiterte Möglichkeiten und Wirksamkeiten ich als „das Ärztliche der Nicht-Ärzte" bezeichnen möchte, insoweit als sich hier ärztlich tätige Haltung nicht auf die Funktion des professionell Ärztlichen beschränkt, sondern auf die des Gemeinschaftslebens ausdehnt[26]. Es rückt diese Erkenntnis auch in die Nähe einer neu zu belebenden Pädagogik, deren bisher eingeschränkter, ausschließlich an psychologisierenden und objektivierenden wissenschaftlichen Leitbildern orientierter Rationalismus ebenfalls nur eine beschränkte Erkenntnis zuläßt, welche das eigentliche Wesen des Menschen und seine wirklichen Tiefen nicht zu erreichen vermag, sondern verfehlt.

Die enge Berührung von Sozialtherapie setzt — ähnlich wie im Bereich der Psychotherapie — eine Ausbildung und Selbstreflexion des an der Gemeinschaft beteiligten Lehrenden und Lernenden voraus. Das allein bedeutet Strukturbildung und lebendige Dynamik menschlicher Gemeinschaft, die vorzudringen vermag gegen den anonymen Prozeß gesellschaftlicher Herrschaft, der den modernen Menschen in der Tat vielfach „nur noch als ein krankes und schwieriges Kind und als ein glückloses Objekt"[27] zurückzulassen droht.

---

[25] *W. Jacob*, Die Bedeutung der Rehabilitationsmedizin für die Entwicklung einer allgemeinen Medizin, in: Ärztl. Wschr. 14 (1959) H. 34, 645 – 50.

[26] *W. Jacob*, Soziale Gesichtspunkte klinischer Rehabilitation, in: Int. Zschr. f. Physikal. Med. u. Rehabilitation 14 (1964) H. 1, S. 29 – 30.

[27] *A. Görres*, An den Grenzen der Psychoanalyse, München 1968.

Joachim Gerlach

Zukunftsaspekte der Heilung

Heilung ist der Weg von der Krankheit zur Gesundheit, eine Ereignisreihe, die sich an lebenden Organismen und insbesondere am Menschen abspielt und teilweise zu den Lebenserscheinungen gehört. Voraussetzung zu einer Bestimmung, was Heilung sei, ist der Versuch einer Definition von Gesundheit und Krankheit. In der Ganzheit menschlichen Lebens sind Gesundheit und Krankheit nur gemeinsam zu erfassen. V. E. v. Gebsattel hat darauf hingewiesen, daß auch für viele Ärzte Gesundheit und Krankheit nur Wertbegriffe einer im Sinne von Max Scheler „natürlichen", nicht durchdachten Weltanschauung sind: Gesundheit ist das erwünschte Gut, Krankheit das unerwünschte Übel, das möglichst beseitigt werden muß. Demgegenüber kann Gesundheit als die Lebensintegrität angesehen werden, die ständig bedroht ist. Faßt man das Leben als eine Serie von Ereignissen mit einem labilen dynamischen Gleichgewicht auf, so lassen sich den abbauenden und zerstörenden Vorgängen aufbauende und abwehrende gegenüberstellen. Gesundheit kann danach bestimmt werden als eine andauernde Leistung, als erfolgreiche Abwehr lebenseinschränkender Kräfte, Krankheit als ein partielles, Tod als vollständiges Überwiegen der Zerstörung. Eine Grenze zwischen Gesundheit und Krankheit gibt es daher nicht. Wenn Gebsattel feststellt, daß eine Lehre von den Gestalten des Nichtseienden erst eine philosophische Lehre vom Wesen der Krankheit ermöglichen kann und daß die Krankheit ontologisch als „ein vorübergehender oder chronischer Modus des Nichtseins" anzusehen ist, der Gestalt annimmt, indem er Gestalt aufhebt, so ist wegen der ungewissen Bedeutung des substantivischen Wortes „Nichtsein" hier ein Bedenken zu äußern, das W. Stegmüller als „Seins-Pest" bezeichnet hat, weil die Nichtbeachtung der Vieldeutigkeit und der substantivische Gebrauch des Hilfszeitwortes eine Krankheit erzeugt hat, die sich schon vor mehr als hundert Jahren in der mitteleuropäischen Philosophie seuchenartig auszubreiten begann. Fehlt hier das Streben nach völliger wissenschaftlicher Klarheit und das Bemühen um die Gewinnung überprüfbarer und mitteilbarer Forschungsresultate, so ist dagegen ebenso unzulänglich und subjektiv in der Satzung der Weltgesundheitsorganisation Gesundheit als „Zustand völligen körperlichen, seelischen und sozialen Wohlbefindens" bestimmt worden, auf das der Mensch ein Grundrecht habe. Entsprechend der Vorstellung vom dynamischen Gleichgewicht in den Lebensvorgängen, das durch Regulation und Adaptation aufrechterhalten wird, gehört zum Wesen der Gesundheit eine Harmonie vitaler rhythmischer Vorgänge und der Korrelation von Organen und Organfunktionen. Zum Beispiel stehen die Atmungs- und Pulsfrequenz, die Herzgröße und das Blutvolumen in einem bestimmten Verhältnis. Gegenüber einer solchen positiven Kennzeichnung, die vom Normbegriff Gebrauch macht, ist die negative Definition der Gesundheit als Freisein von Krankheit unzureichend (P. Matussek). Dem Gesundheitsbegriff vorgegeben sind Erbanlage, Umwelt und Dynamik des leiblichen Zustandes. Aufgegeben sind Haltung, Wertung und Vollendung der Person in der Einstellung zu sich selbst und der Welt. So hat jeder seine eigene Art, gesund und auch krank zu sein. Der Ich-gemäßen kann eine Ich-fremde Gesundheit gegenübergestellt werden, die durch Einengung der Daseinsmöglichkeiten gefährdet ist, wie etwa beim Hochleistungssportler und beim Manager, das heißt durch Ruhm-, Besitz- oder Machtstreben, und auch durch Angst. Trotz der engen Beziehungen des Krankheitsbegriffes zum Gesundheitsbegriff oder gerade deswegen handelt es sich nicht um Gegenbegriffe. Auch hat die Beziehung der Krankheit zum Tode keineswegs nur metaphysische, sondern leicht belegbare wissenschaftliche Gründe.

Dem Kranksein können wir in der praktischen Heilkunde pragmatisch zwei Dimensionen zu schreiben: Die objektivierbare und die subjektive. Die objektivierbare Dimension umfaßt die Krankheitsbegriffe der Pathologie, und zwar sowohl der pathologischen Anatomie wie der pathologischen Physiologie als Abweichung von normalen morphologischen und physiologischen Befunden, von Normen und statistischen Normwerten sowie Störungen des beobachtbaren Verhaltens als Grundlage der Beurteilung psychischer Störungen. In diesem Bereich sind die Aussagen weniger sicher, da Befunderhebungen bei psychischen Störungen nur aus dem Vergleich von bewußten psychischen Eigenerlebnissen mit Schlußfolgerungen aus dem Verhalten auf der Grundlage psychischer Kommunikation möglich sind. Sie erstrecken sich auch auf die interindividuellen körperlichen und psychischen Beziehungen. Alle diese Daten für die Krankheitsbeurteilung können als „Befunde" zusammengefaßt werden. Ihnen steht die subjektive Dimension des Krankseins, das „Befinden" gegenüber, das Krankheitserleben des Betroffenen, die man auch als den Erlebnisaspekt (Delius) der Krankheit bezeichnet hat. In der etymologischen Bedeutung (H. Schäfer) des Wortes „krank" in den verschiedenen Sprachen kommen die beiden Dimensionen des Krankseins und auch seine Beziehung zum Tod zum Ausdruck. Das lateinische Wort „morbus", das zu „mollis", d. h. weich, leistungsunfähig, und zu „mori", d. h. sterben, Beziehung hat, weist auf den Leistungsverlust und die Existenzbedrohung hin und bringt die Beziehung zwischen Krankheit und Tod zum Ausdruck. Das deutsche Wort „krank", verwandt mit dem englischen „to crancle", heißt so viel wie „verdreht" oder „geschwächt sein", das lateinische Wort „aeger" bedeutet „verstimmt", das russische „bolnoj" für Krankheit hängt mit „schmerzlich" zusammen. In diesen drei Sprachen ist die subjektive Dimension des Krankseins ausgedrückt. Im französischen „malade", verwandt mit „mal" gleich „übel", und ebenso im griechischen „nosos", das gleichzeitig Krankheit und Laster bedeutet, drückt sich die soziale Bedeutung des Krankseins aus.

In der objektiven Dimension der Krankheit steht der naturwissenschaftliche Aspekt in der wissenschaftlichen Medizin noch immer im Vordergrund. Die objektive Dimension der Krankheit folgt den logischen Gesetzmäßigkeiten und Eigentümlichkeiten biologischer Begriffe. In diesem Sinne kann Krankheit als Ausdruck einer Störung der biologischen, innerorganismischen oder umweltbezogenen Ordnung verstanden werden. Zu ihrem Wesen gehört eine auf Ausgleich unzureichender Anpassung gerichtete Umstellung regelhafter Lebensvorgänge (E. Müller). P. Gruber definiert Krankheit als „eine fortlaufende Kette von Lebenserscheinungen, die in ihrer Eigenart veranlaßt wird von einer das lebende Wesen beeinflussenden Schädlichkeit exogener oder endogener Art und von Erscheinungen, die in ausgleichender Weise das gestörte Leistungsvermögen des lebenden Wesens wiederherstellen, wenn nicht die Wirkungsgröße der Schädlichkeit dem Ausgleich, der Anpassung im Wege steht". Es lassen sich keineswegs alle vorkommenden Störungen unter den Begriff „Krankheit" einordnen, seine Grenzen sind unscharf, trotzdem ist in der überwiegenden Zahl der Einzelfälle eine sichere Zuordnung möglich. Die Summe der Krankheiten, denen sich der Arzt gegenübersieht und die umwelt-,

geschichts-, und kulturabhängig ist, bezeichnet man nach R. Doerr als „Krankheitspanorama". Während der Gesundheitsbegriff in der praktischen Medizin keine hervorragende Bedeutung besitzt, steht der Krankheitsbegriff trotz der Definitionsschwierigkeiten als eine der Grundlagen der Heilkunde im Mittelpunkt. Als Abstraktum liegt er zwischen den beiden konkreten Begriffen des Arztes und des kranken Menschen. Aus diesen drei Bereichen besteht die Heilkunde. Der Arzt muß sich um die Objektivierung der Krankheit bemühen, der Kranke erlebt sie. Einteilung und Übersicht der Krankheiten richten sich nach sehr verschiedenen Prinzipien, und daher gibt es mannigfaltige Krankheitssysteme. Für den Pathologen rücken die abnormen Befunde an den Organen, also eine morphologische und topographische Einteilung der Krankheiten einerseits, eine ätiologische und pathogenetische Betrachtung, das heißt eine Einteilung nach den Ursachen und dem pathophysiologischen Geschehen in der Krankheit andererseits, in den Vordergrund, für den Kliniker ist zur Krankheitserkennung ein diagnostisches System, zur erfolgreichen Behandlung aber ebenfalls eine Erkennung von Krankheitsursachen und krankhaften Vorgängen unentbehrlich. Die Krankheitslehre ist sowohl in der Pathologie wie auch in der Klinik heute insofern zu einer Individualpathologie geworden, als sie von der Einzigartigkeit des Individuums als der Grundlage von Krankheitsentstehung ausgehen, die innere Anordnung seiner Organisation als Konstitution und ihren Zustand zu einem bestimmten Zeitpunkt als Disposition berücksichtigen muß. Unter den Ursachengruppen für die Krankheiten hebt Doerr einige heraus, von denen die Krankheiten aus Gründen der Organdisposition, wie zum Beispiel die Arteriosklerose, toxisch bedingte Krankheiten mit lokalisierbarer Affinität, autoaggressive Krankheiten und Krankheiten aufgrund pathoplastischer Fehlfunktion der Gene, das heißt bösartige Geschwülste erwähnt seien. Die heutige Pathologie bezieht die psychophysische Verschränktheit aller krankmachenden Bedingungen in die Krankheitslehre ein. Diese gliedert sich nach Doerr in eine Stoffwechsellehre im weitesten Sinne, eine Lehre von der Konstitution, die auch die psychosomatische Verhaltenslehre umfaßt, und eine Lehre von den äußeren Krankheitsursachen physikalischer, chemischer, alimentärer Art sowie von den belebten Erregern und Parasiten.
Der objektivierbare krankhafte Befund wird zur Krankheit erst dann, wenn er sich durch Funktionsstörungen bemerkbar macht, die dem Krankheitsträger bewußt werden und zu Leistungsminderung führen.

Trotzdem kann der objektivierbare Befund, ohne dem Kranken bewußt zu sein, für die Zukunft den Keim zu einer Katastrophe in sich tragen, in der die Integrität aufgehoben und die Existenz des Menschen zerstört werden kann, wie zum Beispiel im Falle eines beginnenden, aber noch latenten Krebses. Ein solcher Mensch ist zwar schon vom Tode berührt, wird aber erst krank, wenn sich die subjektive Empfindung des gestörten Lebensgleichgewichtes, des Leidens und des Leistungsabfalls, einstellt. Sie bestimmt erst, ob er krank ist. Karl Jaspers hat formuliert, daß das, „was im allgemeinen krank ist, weniger vom Urteil der Ärzte als vom Urteil der Patienten und den herrschenden Meinungen des jeweiligen Kulturkreises abhängt". Das subjektive Gefühl des Krankseins beruht nach K. Donat auf dem Bewußtwerden von Mißempfindungen und Unlustgefühlen, wie dem Schmerz, auf Leistungsminderung einzelner Organe oder des ganzen Organismus und auf Störungen der Umweltbeziehungen, vor allem der Kommunikation. Krankheit betrifft stets den *ganzen* Menschen. Er „hat" die Krankheit. Die einzelnen objektivierbaren Befunde sind zwar Maß der Krankheit, aber nicht die Krankheit selbst. Die Krankheit ist nicht primär, aber sekundär stets ein soziales Phänomen, das sich in der Leistungsminderung des Menschen in der menschlichen Gesellschaft ausdrückt. Krankheit ist in einem anderen Sinne aber auch Leistung, nämlich in vielen ihrer Merkmale Abwehrleistung im biologischen Gleichgewicht. Wegen der Begriffsunschärfe gibt es viele Grenzfälle, in denen die Feststellung von Krankheit und die Grenze zur Gesundheit willkürlich ist.

Nach diesem Versuch, die Eigenart der Begriffe Krankheit und Gesundheit zu kennzeichnen, können wir nun über die grundlegende Anfangsfeststellung hinaus, daß die Heilung der Weg des Kranken zum Gesunden sei, weitere Aussagen machen. Zunächst müssen jene Heilungsprozesse, die sich als natürliche, schadensausgleichende, regulierende Lebensvorgänge abspielen, als „Selbstheilung" gegen Maßnahmen, die in verschiedener Weise in die Lebensvorgänge eingreifen, und im weitesten Sinne Heilbehandlung, Therapie oder Fremdheilung genannt werden können, abgegrenzt werden. Die Selbstheilung gehört nach den oben gegebenen Definitionen der Krankheit zu den Krankheitsprozessen. Sie kann durch die Einführung eines Wertaspektes abgeteilt werden, wie er schon eingangs in den Bezeichnungen „zerstörende" und „abwehrende" Vorgänge zum Ausdruck kam. Die Bezeichnungen „Heil" und „Heilung" schließen stets eine Bewertung ein. Die hier als „Selbstheilung" bezeichneten Lebensvorgänge werden in der Pathologie meist als „reparative Prozesse" beschrieben. Sie werden gesondert betrachtet und mit Maßnahmen der „Fremdheilung" zusammengefaßt unter dem Wertaspekt und im Hinblick auf das Ziel jeder Heilbehandlung, die Wiederherstellung der Gesundheit. Eine Therapie kann nur bei Kenntnis, Förderung und Steuerung von Selbstheilungsvorgängen wirksam werden. Der Heilerfolg ergibt sich aus der Abstimmung der therapeutischen Maßnahmen auf die normalen und krankhaften Lebensvorgänge. Zur Selbstheilung gehört z. B. die Ausscheidung von Giften, das spontane Sistieren von Blutungen, die Wundheilung, die Beseitigung eingedrungener Krankheitserreger durch Abwehrreaktionen. Keineswegs alle Reaktionen der Organismen auf Schädlichkeiten sind Prozesse der Selbstheilung. Sie können auch zerstörend sein und sogar zum Tode führen, wie etwa das Kehlkopfödem nach einem Wespenstich im Bereich der Mundhöhle. Die Bewertung von Krankheitsprozessen und ihre Einordnung in Vorgänge der Selbstheilung kann zweifelhaft sein, wie zum Beispiel in manchen Fällen beim Fieber. Klärung und Zuordnung ist eine wichtige Aufgabe der klinischen Medizin und gehört zu den Grundlagen der Therapie. In der Heilbehandlung werden je nach dem Handelnden Maßnahmen des Kranken selbst oder anderer Personen, vor allem der Ärzte, unterschieden. Nur bei bewußtem Handeln ist in strengem Sinne eine finale Betrachtung der Heilbehandlung möglich. Der Zweck kann jeweils ein dreifacher sein:

1. die natürlichen reparativen Vorgänge der Selbstheilung möglichst ungestört verlaufen zu lassen und zu fördern. Natura sanat, medicus curat.

2. aktiv in die Krankheitsvorgänge einzugreifen. Hierzu dienen die Heilmittel. Hippokrates (nach P. Martini) hat gesagt, daß „die ärztliche Kunst von vornherein weder entdeckt noch nach ihr geforscht worden wäre, wenn dem Kranken dieselbe Lebensweise, die die Gesunden führen, dieselben Lebensmittel, welche diese essen und trinken, zuträglich wären und es nichts anderes gäbe, was besser wäre als dieses. Die Notwendigkeit selbst hat die Menschen gezwungen, nach der ärztlichen Kunst zu forschen und sie zu entdecken". Die Mittel der Therapie oder Fremdheilung umfassen neben den verschiedensten Methoden auf physikalischer oder chemischer Grundlage auch die seelische Einwirkung in der Kommunikation mit dem Kranken. Hervorgeho-

ben seien als vom Arzt selbst vorzunehmende Maßnahmen die medikamentöse Behandlung mit ihren verschiedenen Wegen der Einbringung von Substanzen in den Organismus, die operative Behandlung in den Spezialfächern der Medizin, die ständig zunehmen, und die ärztliche Psychotherapie.
3. kann es der Zweck einer Fremdheilung sein, gestörte oder ausgefallene körperliche Funktionen zu ersetzen.
Während bei den ersten beiden Gruppen von Maßnahmen eine Förderung und Unterstützung von Selbstheilungsvorgängen stets im Spiele ist und auch ein von außen unbeeinflußter Weg zur Gesundheit in Betracht kommt, kann bei der zuletzt genannten Gruppe der Krankheitsverlauf entscheidend gewendet, oft sogar die Existenz gesichert und der Eintritt des Todes aufgeschoben, das heißt eine der Selbstheilung entzogene Krankheit geheilt werden. Vor allem gilt dies beim Ersatz lebenswichtiger Funktionen.
Neben den Vorgängen der Selbst- und Fremdheilung haben wir das Endergebnis der Heilungsprozesse zu berücksichtigen. Die Heilung kann zur völligen Gesundung, zur Restitutio ad integrum, führen oder zu einem Zustand eingeschränkter Lebensfunktionen als Defektheilung. Die Rehabilitation umfaßt über die Heilung hinaus auch noch die soziale Wiedereingliederung. Der Begriff der Genesung bezieht sich nicht auf die Abläufe und Eingriffe in das Lebensgeschehen, die als Heilung verstanden werden, sondern nur auf die subjektive Dimension der Krankheit, als deren letztes Stadium vor der Gesundheit Genesung bestimmt worden ist.
Wandlungen der Heilung und ihrer Aspekte werden durch Wandlungen in drei Bereichen bestimmt: 1. im Bilde des Menschen in der Medizin, 2. in der Entwicklung und dem Aspekt der Krankheiten, 3. in der Therapie, die im weitesten Sinne der erläuterten Fremdheilung gleichzusetzen ist.
Die Möglichkeiten von Zukunftsvoraussagen sind um so geringer, je weiter sie in die Zeit vorausgehen sollen und je weniger die Kausalbedingungen für den Eintritt künftiger Ereignisse überschaubar sind. Das Gebiet, um das es sich in unserem Falle handelt, nämlich der Bereich des Lebendigen, ist prinzipiell nur sehr unvollständig überschaubar. Wir können versuchen, ein Zukunftsbild der Heilung aus Kenntnis der Wandlungen in der unmittelbaren Vergangenheit und der derzeitigen Verhältnisse zu gewinnen. Dabei wird es im wesentlichen nur möglich sein, Entwicklungstendenzen zu erschließen.

1. Ein Bild setzt einen Betrachter voraus. Im Falle des Menschenbildes in der Medizin ist der Arzt nicht nur Betrachter, sondern er prägt auch wesentliche seiner Züge. Arzt und kranker Mensch sind gleichzeitig Gegenstand und Betrachter dieses Bildes. Auch der gesunde Mensch ist wegen der komplementären Verhältnisse von Gesundheit und Krankheit hierin einbegriffen. Der Mensch ist in der Medizin zugleich Objekt und Subjekt, ein Glied in der Reihe lebendiger Organismen und Person (Gerlach). Als lebender Organismus besteht er aus bekannten anatomischen Substraten, an denen sich die Lebensprozesse, in weitgehender Spezialisierung auf die verschiedenen Organe ungleich verteilt, abspielen. Als Person ist er mit Bewußtsein begabt und durch Zuwendung auf ein Du, den anderen Menschen, Unvertretbarkeit, Selbstreflexion, Selbstverwirklichung und Freiheit gekennzeichnet. Zur Wandlung des Menschenbildes hat eine Wandlung der Vorstellungen über das Leben, den Lebensträger, den Individualbegriff und den Tod ebenso beigetragen wie die Änderung der Beziehungen der Menschen zueinander durch die ständige Zunahme der Erdbevölkerung. Der Individualbegriff, der nicht nur den Menschen, sondern alle lebenden Organismen betrifft, ist problematisch geworden, weil sich erwiesen hat, daß nicht nur die ganzen Individuen Lebensträger sind, sondern auch Teile von ihnen, die man abgetrennt oder auch auf ein anderes Individuum übertragen, im Zusammenhang mit ihm, lebend erhalten kann. Aus dieser Sicht wird der Mensch nicht mehr als unteilbares Individuum angesehen. An die Stelle des Individualbegriffes ist in der Biologie und auch in der Medizin der Begriff des „Systems" getreten. Auch der Mensch wird als ein zusammengesetztes energiewandelndes, selbstregulierendes System angesehen, dessen Teile austauschbar sind. Ein solches Bild nähert sich dem Bild einer Maschine und hat in seiner Reduktion zunächst keinen Raum für den personalen Menschenaspekt. Es besteht hier eine Tendenz, den wissenschaftlich nicht vollständig begründbaren Personbegriff durch neue Begriffe zu ersetzen. Bei der Auffassung vom Menschen als zusammengesetztes energiewandelndes System wird etwa das kranke und defekte menschliche Herz nur noch als eine schadhafte Pumpe betrachtet, welche im Austausch durch eine andere derartige Pumpe ersetzt werden kann. Dieser Vergleich erweist sich dadurch als in gewissem Maße berechtigt, daß in der Tat auch ein mechanisches Pumpensystem die Kreislaufleistung des Herzens in ihren mechanischen Aufgaben in vollem Umfange übernehmen kann. Auch die Lunge wird im Rahmen der

Herz-Lungen-Maschine durch ein nicht lebendes physikalisches System ersetzt. Wir greifen hier schon vor und betreten den Bereich gegenwärtiger und künftiger voraussehbarer therapeutischer Möglichkeiten. Sie zeigen die Prägung des Menschenbildes durch den Arzt. Unter Berücksichtigung der technisch möglich gewordenen Maßnahmen lassen sich drei Arten veränderter menschlicher Individuen oder Systeme unterscheiden:

a. gegenüber dem Ausgangsindividuum reduzierte Systeme, die mit äußeren Hilfen am Leben erhalten werden können, zum Beispiel Doppelarmamputierte.

b. lebende Individuen geänderter Zusammensetzung durch Austausch oder Überpflanzung von Teilen, zum Beispiel nach Herztransplantation.

c. gemischte lebende und unbelebte Systeme aus defekten Individuen und nicht belebten Bestandteilen. Solche Teile können in mehr oder weniger fester Verbindung mit dem Individuum, zum Beispiel als Hörgeräte, Brillen, Prothesen, fest angeschlossen wie zum Beispiel die künstliche Niere an den Blutkreislauf oder auch inkorporiert sein, wie der eingepflanzte Schrittmacher oder die Plastikklappe des Herzens.

Aus den Wandlungen des Individualbegriffes ergeben sich auch für den Begriff des Todes neue Folgerungen: Der Tod im engeren Sinne, der als irreversibles Ende der Lebensereignisse an Lebensträgern, insbesondere des Stoffwechsels, verstanden werden kann, ist nur eine der denkbaren Formen des Endes der Individualexistenz, das in einem weiteren Sinne Tod bedeutet. Andere Formen sind Teilung ohne Restbestand und künstliche Unterbrechung des Individual- oder Systemzusammenhanges durch Zerlegung in überlebende Untersysteme oder Teile.

Ferner ist dem Totaltod des Individuums der Partialtod einzelner Teile, die Lebensträger sind, gegenüberzustellen. Man hat hier den Partialtod des Gehirns als pars pro toto mit dem menschlichen Tod gleichgesetzt. Damit hat man in einer Reihe von Fällen den Zeitpunkt des Todes im Sterbevorgang früher als bisher angesetzt, nämlich auch dann, wenn bisher ausdrücklich als Lebenszeichen angesehene Funktionen, wie die Herztätigkeit, noch nachweisbar sind. Der Anstoß zu dieser Wandlung des Menschenbildes wurde durch Hemmungen gegeben, einem noch „Lebenden" Organe zur Transplantation zu entnehmen und damit etwa den „Tod" des Spenders herbeizuführen. Wenn auch dem menschlichen Gehirn eine hervorragende Rolle im Organismus des Menschen zugeschrieben werden muß, da alle Bewußtseinsäußerungen an seine Funktion gebunden sind, so wird doch die Problematik der Beziehung von Gehirn und Bewußtsein verkannt und zu einfach gesehen. Nach meiner Auffassung sollte der Todeszeitpunkt eher später als früher festgesetzt und vom Zeitpunkt der Verfügbarkeit getrennt werden. Verfügbarkeit könnte zugebilligt werden, wenn mit Sicherheit alle Bewußtseinsvorgänge endgültig aufgehört haben. Die Unterscheidung verschiedener Grade und Stufen des menschlichen Lebens, die ich versucht habe, mit dem Begriff der Vita reducta vorzunehmen, erscheint mir hier hilfreich. Der Begriff der Vita reducta decerebrata könnte als Kriterium für die Verfügbarkeit brauchbar sein. Er bringt gleichzeitig das Erlöschen der Manifestation der Person zum Ausdruck und erspart Verlegenheitsbezeichnungen für das, was nach dem Gehirntod oder dem Verlust der sog. Vita humana verbleibt und als „Ebenbild Gottes a. D." (H. Thielicke), „intrakorporales Organkonservat" (Feige) oder „Corpus respiratum" (L' Allemand) bezeichnet wurde.

2. In der Einschätzung der Wandlung der Krankheiten und ihrer Aspekte folge ich der Darstellung von F. Hartmann, der seinerseits für seine Prognosen für die nächsten dreißig Jahre den „Report on a long range forcasting study" der Rand-Corporation und das vielzitierte Ciba-Symposion von 1962 zugrunde gelegt hat.

Für die Zukunft werden Krankheitsursachen von besonderer Bedeutung sein, die mit der Zunahme der Menschenzahl und der Weiterentwicklung von Zivilisation und Technik zusammenhängen: Anpassungsschwierigkeiten an technische Neuerungen, etwa die Automation, die immer weniger körperliche Arbeit, aber mehr geistige Anstrengung und Aufmerksamkeit erfordern, Anpassung an extremes Klima, an neue Nahrungsmittel, an die Bedingungen des Lebens unter Wasser oder im Weltraum. Auch eine Freizeitpathologie und -medizin werden möglicherweise erforderlich werden, da die Schäden durch Genußmittel und unvernünftiges menschliches Verhalten zunehmen könnten. Wichtige zukünftige Krankheitsursachen liegen in der Menschendichte in Wohngebieten und der Möglichkeit raschen Ortswechsels. Die zwischenmenschlichen Spannungen werden weiterhin wachsen und Krankheitsbilder in Zusammenhang mit der als Stress bekannten Belastung mit ihren Folgen häufig entstehen lassen.

Ebenfalls im Zusammenhang mit der Zunahme der Bevölkerungsdichte und der industriellen und technischen Entwicklung auf allen

Gebieten steht eine Gruppe von Krankheitsursachen hervorragender Bedeutung, die der Mensch selbst hervorbringt und deren Umfang und Beseitigung in seiner Hand liegen: Es sind die schädlichen Veränderungen der Beschaffenheit seiner eigenen Umwelt an Luft, Wasser und Boden, dazu noch die menschliche Aktivität in verschiedenen Bereichen des Berufes und des Verkehrs. Einmal werden die lebensnotwendigen Voraussetzungen seiner Umweltbeschaffenheit zerstört, ferner werden Luft, Wasser und Erde durch zahlreiche chemische Substanzen vergiftet. Die Gifte schädigen den Menschen nicht nur unmittelbar selbst, sondern auch mittelbar durch ungünstige Beeinträchtigung des gesamten Biotops von Pflanzen und Tieren. Wenn man solchen Auswirkungen nicht mit mehr Aufmerksamkeit als bisher und wirksamen Maßnahmen begegnet, so können sie schon in absehbarer Zeit zu einer Existenzbedrohung des Menschen führen. Im Beruf und vor allem im Verkehr nimmt die Zahl der Unfallverletzten und Unfalltoten ständig zu und damit der Anteil der traumatischen Schäden als Krankheitsursachen.

Auch die relative Zunahme der alten Menschen ändert das Krankheitspanorama. Demgegenüber werden die Infektionskrankheiten voraussichtlich zurücktreten. Insgesamt wird die Rolle der heute als psychosomatisch bezeichneten Krankheiten noch bedeutungsvoller werden. Allerdings liegen gerade im zu erwartenden Krankheitspanorama Unsicherheitsfaktoren, die nicht zuletzt auf die Unberechenbarkeit menschlichen Verhaltens zurückgeführt werden können, zum Beispiel in der Frage der künftigen Selbststeuerung der Menschheit und ihrer möglichen Selbstvernichtung im Zukunftskrieg.

3. Auch die Prognosen für die künftigen Entwicklungen der Therapiemöglichkeit werden nach der gleichen Quelle bei F. Hartmann besprochen. Aussichtsreich ist hierbei der weitere Fortschritt der heute schon erfolgreichen Bekämpfung der Infektionskrankheiten und Parasiten. Die Chemotherapie wird auf Viren ausgedehnt werden können, die antibakterielle noch vervollkommnet. Für die Schutzimpfung kann die Entwicklung eines Universalantiagens erhofft werden, das gegen alle Bakterien und Viren Schutz erzeugt. Eine breite Rolle in künftigen Heilungsmöglichkeiten spielt die Weiterentwicklung des Ersatzes menschlicher Organfunktionen durch Transplantation und Prothesen. Für die Transplantationen muß noch das Problem der immunologischen Abwehr des Empfängers gegen das überpflanzte Organ gelöst werden. Die Verträglichkeitsprüfungen vor Transplantationen müssen

verbessert werden. Ebenso ist heute noch die Aufgabe der sogenannten Organbanken, d. h. der Konservierung von Organen über lange Zeiten zur späteren Verwendung, ungelöst. Mit großer Wahrscheinlichkeit liegt das Problem auf dem Gebiete der Kryobiologie. Der Gefrier- und Wiedererwärmungsvorgang muß so gesteuert werden, daß der Stoffwechsel der konservierten Organe zwar zum Stillstand kommt, jedoch seine Wiederingangsetzung und eine erneute Funktionsaufnahme der Organe möglich bleiben.

Unter Prothesen werden neben den Gliedmaßenersatzmitteln auch künstliche Systeme verstanden, die dem Ersatz von Gewebs- oder Organteilen durch Kunststoffe oder körpereigene andere Gewebe dienen. Knochen, Gelenke oder Gelenkteile, Gefäße, Herzklappen und Hirnhaut sind in dieser Weise schon ersetzt worden. Hieran schließen sich in fließendem Übergang die künstlichen Organe anstelle der Transplantate an. Man erwartet noch im beginnenden Jahrzehnt Erfolge aus der Kombination von Kunststoffen und elektronischen Bauteilen. Das Kunststoffherz, zunächst wahrscheinlich als Nebenherz zur Entlastung, wird vermutlich zuerst realisiert werden können. Für den Ersatz der Nierenleistung kann man von den vorhandenen Modellen der künstlichen Niere und der schon vielfach durchgeführten Nierendialyse ausgehen. Die künftige Aufgabe besteht darin, Systeme zu konstruieren, die so klein sind, daß sie inkorporiert werden können, ohne ihre zuverlässige Leistungsfähigkeit einzubüßen. Ein besonderes Problem ist hierbei die Einschaltung in den Blutstrom und die Funktionssteuerung, in der eine Registrierung, Kontrolle und Regelung der wichtigsten chemischen Blutbestandteile nicht fehlen darf. Eine weitere wichtige Gruppe von Mitteln für die Heilung in der künftigen Entwicklung der therapeutischen Möglichkeiten sind die sog. Psychopharmaka. Hierzu fehlt noch weitgehend eine Klärung der biochemischen und neurophysiologischen Vorgänge im Gehirn, die mit psychischen Leistungen und Störungen verbunden sind und ein Verständnis der Wirkungen schon vorhandener Pharmaka auf diese Vorgänge, auf dessen Grundlage Neuentwicklungen möglich sind. Ziel ist die Kontrollierbarkeit und Ausschaltung der Psychosen durch Beseitigung ihrer Ursachen. Bei den bisher unheilbaren geistigen Erkrankungen hofft man auch auf eine Hilfe der stereotaktischen neurochirurgischen Verfahren durch zukünftige Weiterentwicklung. Jedoch werden Ergebnisse in dem angedeuteten Bereich erst nach etwa 20 Jahren oder später erwartet. Auch viele andere Hoffnungen und Planungen gründen sich auf Einflüsse im Bereich des Nervensystems. Zahlreiche Fortschritte erwartet man allerdings erst nach Zeiträumen bis zu 60 Jahren. Am Beginn steht der heute schon in den Bereich der Möglichkeit gerückte Anschluß der Elektronik von künstlichen Gliedmaßen — Armen und Beinen — an die peripheren Nerven, die ihre Impulse auf diese, wie auf lebende Glieder, übertragen können. Absehbar ist auch schon die Möglichkeit, künstliche Sehorgane an die Sehnerven oder die Sehsphäre des Gehirns anzuschließen. Das Zusammenwirken der elektronischen Rechenmaschinen, der Computer, mit dem Gehirn, allgemeiner des Menschen mit Maschinen, wird in ferner Zukunft so eng werden, daß einerseits Computer direkt Informationen vom menschlichen Gehirn erhalten, daß sie wie die Organe des Körpers Funktionen auf cerebrale Impulse ausführen. Problematisch und vorerst noch utopisch erscheint daneben die angeblich sich abzeichnende Möglichkeit, aus Computern Informationen unmittelbar ins menschliche Gehirn einzugeben und dort zu speichern, also des „Nürnberger Trichters". Eine weitaus genauere Kenntnis der biochemischen und physiologischen Abläufe im nervösen Gewebe, als wir sie heute besitzen, wäre dazu Voraussetzung, ebenso wie zur Verbesserung und Steuerung der mnestischen Leistungen des Gehirns, von der sich erste Ansätze zeigen. Auch eine pharmakologische Steigerung der Intelligenz wird erwartet. Die heute schon mögliche Ausschaltung von Schmerz- und Unlustgefühlen wird weiterhin vervollkommnet werden, so daß ein „Leben ohne Schmerz" in jeder Situation erreichbar ist. Ebenso läßt sich in Weiterentwicklung der schon heute weit vorgeschrittenen Narkosetechnik eine langdauernde, über Jahre gehende Ausschaltung des Bewußtseins erreichen, mit der man die Lebenszeit ebenso zu verlängern hofft, wie durch medikamentöse Kontrolle des Alterns. Man rechnet mit der Erreichbarkeit einer durchschnittlichen Zunahme des menschlichen Lebens um etwa 50 Jahre. Zu einer solchen Lebensverlängerung gehören auch die heute schon sehr wirksamen Maßnahmen, den Tod hinauszuschieben und neben dem Leben auch den Tod zu manipulieren. Bei derartigen Bemühungen ist es bisher allerdings nur möglich gewesen, die vitalen Funktionen zu ersetzen, und es gibt noch keine Anzeichen dafür, daß sich die höheren Hirnfunktionen, die mit Bewußtseinsleistungen verbunden sind, ersetzen lassen werden.

In einer 1970 erschienenen Mitteilung beschäftigt sich Herbert von Borch mit neuen Verfahren der Manipulation und Kontrolle des Ge-

hirns. Er schildert im einzelnen, was eine mit der Abkürzung ESB (electrical stimulation of the brain) bezeichnete Methode für die Zukunft erwarten läßt, verbunden mit Überlegungen über „Glanz und Elend der Manipulation des Gehirns", Identitätsverlust, Glücksgewinn und neue, ungeahnte Formen der Diktatur. Schon heute sind nach dieser Mitteilung Tausende von Tieren elektrisch mit ihrem Gehirn an Steuergeräte angeschlossen, manchmal mit mehr als hundert Elektroden in einem Gehirn. Auch bei Menschen bleiben solche Elektroden, mit denen Einfluß auf die Hirntätigkeit genommen werden soll, schon bis zu eineinhalb Jahren ohne nachteilige Wirkungen eingepflanzt. Sie werden durch winzige Löcher des Schädelknochens an vorher genau bestimmte Stellen mit dem stereotaktischen Verfahren eingeführt, eine Art kleiner Steckdose wird im Schädelknochen angebracht. Es gibt bereits heute „Stimulatoren", die aus Stromspendern, Transistoren, Schaltungen und anderen Mechanismen bestehen, um die elektrischen Impulse nach Art und Zeit zu steuern. Sie sind so klein, daß sie ohne Schwierigkeiten am Kopf befestigt werden können. Von Bedeutung ist es, daß auch Empfangsgeräte in diese Apparate eingebaut werden können, die drahtlose Signale entfernter Operateure aufzunehmen in der Lage sind, von denen Tempo und Art der Stimulierung bestimmt werden. Es lassen sich Verhaltensweisen, körperliche und seelische Funktionen regulieren. Das soziale Verhalten in Affenkolonien konnte durch elektrische Gehirnreizungen wesentlich beeinträchtigt werden. Ein aggressives Verhalten wurde durch ein sanftes ersetzt. Es wurde den Affen beigebracht, wie sie durch einen Schalthebel den Führer der Horde, der ein derartiges Gerät eingesetzt bekam, entmachten konnten. Es konnte also bereits ein Affe das Verhalten des anderen durch die Mittel der ESB verändern und kontrollieren. Sogar von verschiedenartigen „Vergnügungszentren" im Gehirn hat man gesprochen, deren Reizung alle herkömmlichen Befriedigungen bei weitem übertreffen soll. Es tritt eine Art von „Supereuphorie", ein „Elektro-Nirwana" ein. Man hat bei Ratten solche Elektroden an die „Lustzentren" angeschlossen und die Tiere gelehrt, die Reizung durch Hebel selbst herbeizuführen. Manche von ihnen drückten angeblich den Hebel bis zu fünftausendmal in einer Stunde. Der Geschlechtsverkehr dieser Tiere wurde ganz aufgegeben; wie ein Forscher sich ausdrückte, sei der „Elektrosex" ihm weitaus überlegen. Eine schädliche Nebenwirkung war nicht sichtbar.
Beim Menschen ist bisher ESB Heilabsichten zugeordnet. Die Ver-

suche, Patienten, die in Abständen von Tobsuchtsanfällen heimgesucht wurden, mit ESB zu behandeln, waren erfolgreich. Die Anfälle konnten sofort nach Einsetzen willkürlich gestoppt werden. Auch hat man angeblich in Gehirne von Epileptikern solche Elektroden mit den angeschlossenen Geräten eingeführt, die es den Trägern erlauben, bei Anzeichen eines Anfalles durch Druck auf einen Knopf die Krämpfe nicht erst entstehen zu lassen oder sofort zu beenden. Auch die Einleitung von Schlaf auf diesem Wege macht angeblich keine Schwierigkeiten. Man kann gewisse Phasen des Schlafes durch eingepflanzte Elektroden herbeiführen, und es wird geplant, die notwendige Schlafdauer für den Menschen um die Hälfte oder mehr herabzusetzen. Auch auf die schon besprochenen Sehhilfen und das Elektrogedächtnis wird eingegangen. Angeblich lassen sich mit der ESB-Methode auch Erinnerungen zurückrufen, die bei Willküranstrengung niemals vergegenwärtigt werden können.

Es konnte nicht ausbleiben, daß „orwellhafte" Vorstellungen des neuen Manipulationswerkzeuges ESB auftauchen: Was geschieht, wenn etwa Machtmißbrauch betrieben wird und wenn Elektroden zwangsweise eingepflanzt werden und aus Menschen, nicht nur aus Tieren, wie es bereits möglich ist, elektronische Spielzeuge werden? Ein Verfasser, David N. *Rorvik*, der zunächst sachlich über ESB berichtete, konnte nicht umhin, das grausige Bild einer sogenannten „Elektrohierarchie" zu entwerfen. An ihrer Spitze stünde eine kleine Gruppe von Führern, Managern, hohen Offizieren, Industriekapitänen, vielleicht vierzig oder fünfzig. Diese seien die einzigen, deren Gehirne unberührt sind. Alle anderen würden angeschlossen. Die Rangordnung werde durch die Zahl der in ihre Gehirne eingepflanzten Elektroden bestimmt. Der zweite Stand unter den Führern bestehe aus den „Elektronen", deren Gehirn von fünfzig Elektroden gesteuert wird. Die Elektrooligarchie programmiere die Gehirnkontrolle so, daß dieser Unterführerstand ihr völlig ergeben sei, jedoch nicht ohne „einen Restbestand von Unglücksgefühl und Rebellion" zu empfinden, der für ihre schöpferischen Aufgaben als Wissenschaftler, Wirtschaftsführer, Philosophen und Poeten für nötig gehalten wird. Sie umfaßt etwa zehn Prozent der Gesellschaft. Danach komme der dritte Stand mit „Positronen" von etwa dreißig Prozent der Menschen mit zweihundert Elektroden. Sie folgten den Befehlen der „Elektronen" als breite Angestelltenschicht, begierig, die Arbeit zu tun. Sie seien so programmiert, daß sie diese als lustvoll empfinden! Dann komme am Boden der Elektrohierarchie die Gruppe der sogenannten „Neutronen", das heißt Handarbeiter, Soldaten und Sekretäre, die mit fünfhundert Miniatur-Elektroden im Gehirn als personlose Roboter wirken, glücklich, die mechanische Arbeit zu tun, billiger als Automation. Der elektrische Strom werde die billigste Antriebskraft.

Als Anzeichen dessen, was sich die Machtinhaber der Erde in ihrem Unterbewußtsein als optimal zu beherrschende Gesellschaft wünschen könnten, ist diese Utopie einer Elektrohierarchie eine mindestens symptomatische und Beachtung erfordernde Erfindung. Die Überheblichkeit solcher Planungen kommt in einem Buchtitel von Rosenfeldt zum Ausdruck: „Die zweite Genesis". Mit einer kaum noch zu übertreffenden Hybris spricht der Verfasser hier von einem „neuen Ursprung, in dem der Staub der Erde sich schier unbegrenzt neu erschaffen kann, ohne den Atem des ursprünglichen Schöpfers noch notwendig zu haben". Nach diesen Auswüchsen der Zukunftsplanung sei noch auf ein weiteres umstrittenes Kapitel der Manipulation, nämlich die künstliche Lebenserzeugung und die gezielte Beeinflussung des Erbgutes eingegangen. Prognosen lassen sich darüber heute noch nicht aufstellen. Vorerst ist keineswegs sichtbar, wie höher organisierte Lebewesen künftig erzeugt werden sollen und wie eine Verbesserung des Erbgutes herbeigeführt werden soll. Dabei hat man für den Ersatz kranken Erbgutes durch gesundes bereits den Namen: „Molecularengeneering" geprägt, zweifellos vorerst eine Utopie. Dagegen erscheint die Möglichkeit, die Aktivität krankhafter Gene zu unterdrücken und Ersatzgene anzuregen, nicht ausgeschlossen. Die Kenntnis des menschlichen Erbgutes ist heute noch zu lückenhaft, um einen Weg zur Programmierung und Umprogrammierung voraussagen zu können. Es bleiben daher eugenische Aufgaben, den Fortfall der natürlichen Auslese bei erblich bedingten Krankheiten wie z. B. der Zuckerkrankheit oder dem erblichen Schwachsinn zu kompensieren, bestehen. Der Reparatur defekten Erbgutes steht das Ziel, Menschen mit gewünschten Eigenschaften und spezialisierten Fähigkeiten zu züchten, als blanke Utopie gegenüber, die zudem noch ethische und rechtliche Bedenken hervorrufen muß.

Verbunden mit der zunehmenden Kenntnis der Regelvorgänge im Bereiche der Steuerorgane der Zelle besteht in ferner Zukunft Aussicht darauf, auf das Wachstum der Zellen und ihre Vermehrung einzuwirken. Es wird für die Zeit nach der Jahrtausendwende die Möglichkeit vorhergesagt, kranke und defekte Organe durch biochemische

Anregung nachwachsen zu lassen, z. B. verstümmelte Gliedmaßen, wie wir sie heute bei den Contergan-Kindern kennen.
Den positiven Voraussagen für die Zukunft stehen Probleme gegenüber, über deren Lösung Voraussagen nicht gemacht werden: Hierher gehören vor allem die Aufklärung der Ursachen der bösartigen Geschwülste und die Schaffung von Grundlagen zu ihrer Heilung, ferner die Abnutzungskrankheiten und eine Vielzahl chronischer, nicht infektiöser Leiden aller Organe. Eine nicht geringe Rolle in den Zukunftsplanungen spielen vorbeugende Maßnahmen, die der Krankheitsverhütung, sodann auch der Verbesserung der Leistungen und der Anpassungsfähigkeit des Menschen dienen. Zu den vorbeugenden Maßnahmen gehört auch die heute schon mögliche Geburtenregelung, die aus den noch unvollkommenen Vorbereitungsstadien zu einfachen, billigen, sicheren und gefahrlosen Methoden entwickelt werden soll. Noch kaum in Angriff genommen ist die pharmakologische Fortpflanzungskontrolle beim Manne. Die psychologischen, soziologischen und ethischen Probleme in diesem Zusammenhang müssen ebenfalls gelöst werden. Weitere Einblicke in Struktur und Wirksamkeit der Hormone werden neue Möglichkeiten in der Behandlung von Hormonstörungen eröffnen.
Insgesamt zielen die Zukunftsaspekte der Heilung auf eine zunehmende Manipulation des Menschen in seinem leiblichen und seelischen Bereich, in seinem Leben, seinen Krankheiten und seinem Tod. Als Manipulation kann man hierbei die künstliche Steuerung natürlicher Lebensvorgänge in jeder Art ansehen, die zur Erreichung eines vorgegebenen Zieles dient, das außerhalb des Willens und der Freiheit der Betroffenen liegt. Die Möglichkeit der Manipulation hat neue, noch nicht gelöste Probleme für die Normen ärztlichen Verhaltens entstehen lassen, die künftig an Umfang noch zunehmen werden.
Im Anschluß an Gedankengänge A. Portmanns können wir den heutigen Aspekt der Heilung und die Prognose für seine Zukunft in seiner Bedeutung für den Menschen *bewerten*. Vergleicht man die menschliche Wesensform mit der des Tieres, so kann diese als instinktgebunden und -gesichert, d. h. durch festgefügte erbliche Arten des Gebarens mit offenen Gliedern der Situationsanpassung, jene als erblich überwiegend ungesichert angesehen werden. Der Mensch ist von Erfahrung, Lernen und Beratung abhängig und in seinem Wesen durch Weltoffenheit gekennzeichnet. Die Mitwirkung der sozialen Gruppe ist für ihn erforderlich. Das künftige Menschenbild, das künftige

Krankheitspanorama und die künftige Form von Heilung beeinflussen sich wechselseitig. Eine optimistisch gehandhabte Lebenstechnik bezieht einen Umbau des Menschen in ihre Zukunftsplanung ein. Die Gefahren einer solchen Planung, die vor allem in den Ausführungen über die Manipulation des Gehirns dargestellt wurden, liegen im Verlust der Freiheit, der Selbstreflexion, der personalen Verwirklichung und der Identität, insgesamt in einem Wandel der Heilung zur Manipulation.

Demgegenüber hat der Mensch, wenn er Mensch bleiben will, seine personale Existenz zu bewahren und mit seiner sozialen in Einklang zu bringen. Vorerst erweist er sich in seiner Triebnatur der Verantwortung nicht gewachsen, in die er durch die ihm mit seiner Intelligenz gebotenen Möglichkeiten der Technik und Zivilisation gestellt wird. Die Freiheit der Verfügung über Naturkräfte kann den Weg zum Heil oder zum Verderben eröffnen. Die Führung des eigenen Daseins ist eine niemals endende Aufgabe des Menschen. Sie gilt für sein organismisches, sein personales und sein soziales Dasein.

Nur dann kann diese Daseinsführung vollwertig sein, wenn in ihr die Besinnung auf das Geheimnis allen Ursprungs, die Ehrfurcht vor allem Gewordenen, das wir nicht selbst geschaffen haben, und vor dem Menschen, den wir nicht selbst geformt haben, lebendig ist.

Literatur

v. Borch, H.: Kontrolle und Manipulierung des Gehirns — neue Verfahren der Manipulation, in: Universitas, 25 (1970) 499—505.
Delius, L.: Der psychophysische Doppelaspekt einiger kardiovaskulärer Zustandsänderungen, Störungen und Erkrankungen, in: Kranksein in seiner organischen und psychischen Dimension. Symposion, Hamburg 1968, Hoffmann-La Roche, Grenzach.
Diepgen, P., B. Gruber und H. Schadewaldt: Der Krankheitsbegriff, seine Geschichte und Problematik, in: Hdb. d. Allgemeinen Pathologie, Berlin-Heidelberg-New York, Bd. I.
Doerr, W.: Über die Entstehung von Krankheiten — Erkenntnisse heutiger medizinischer Forschung, in: Universitas 22 (1967) 941—53.
Kranksein in seiner organischen und psychischen Dimension, Symposion. Hamburg 1968, Hoffmann - La Roche, Grenzach.
burg 1968, Hoffmann - La Roche, Grenzach.
Feige, s. L'Allemand.
Gerlach, J.: Was ist der Tod? in: Schopenhauer-Jahrbuch 52 (1971) 40—58.

Gerlach, J.: Die Definition des Todes in der Medizin. Logische und semantische Grundlagen, in: Mü. Med. Wschr. *112* (1970) 65 – 70.
Gerlach, J.: Syndrome des Sterbens und der Vita reducta, in: Mü. Med. Wschr. *111* (1969) 169 – 176.
Gerlach, J.: Gehirntod und totaler Tod, in: Mü. Med. Wschr. *111* (1969) 732 – 736.
Gerlach, J.: Die Grundlage der Feststellung des Todes und der Todeszeit, in: Arztrecht *9* (1969) 131 – 133.
Gerlach J.: Der Mensch als Subjekt und Objekt ärztlichen Handelns aus neurochirurgischer Sicht, in: Naturwissenschaft vor ethischen Problemen, Münchener Akademieschriften, München 1969, 89 – 115.
Gerlach, J.: Individualtod – Partialtod – Vita reducta, in: Mü. Med. Wschr. *110* (1968) 98 – 103.
Gerlach, J.: Die Definition des Todes in ihrer heutigen Problematik für Medizin und Rechtslehre, in: Arztrecht *1* (1968) 83 – 86.
Gebsattel, v. E.: Prolegomena einer medizinischen Anthropologie, Berlin-Göttingen-Heidelberg 1954.
Gruber, P. in Diepgen, Gruber, Schadewaldt, s. o.
Hartmann, F.: Die Entwicklung der Medizin und der Krankheiten in den kommenden Jahrzehnten, in: Universitas *24* (1969) 385 – 400.
Jaspers, K.: Der Arzt im technischen Zeitalter, in: Wege der Heilung, Stuttgart 1959.
Jaspers, K.: Allgemeine Psychopathologie, Berlin-Heidelberg 1946.
L'Allemand: in: Herzstillstand - Atemstillstand - Tod. Ber. 86. Tagung Dtsch. Gesellsch. f. Chirurgie 1969.
Langenbecks Archiv f. Kl. Chir. *325* (1969) 1092 – 99.
Martini, P.: in: Fischer-Lexikon, Medizin 1 (1959) (Therapie).
Matussek, P.: Gesundheit als Glück und Aufgabe, in: Hippokrates *33* (1962) 761 – 64.
Müller, E.: Gesundheit und Krankheit, in: Hdb. d. Allg. Pathologie Bd. I, Berlin-Heidelberg-New York 1969.
Portmann, A.: Der Mensch ein Mängelwesen? Heutiges Menschenbild, Forschung und technisches Zeitalter, in: Universitas *23* (1968) 897 – 904.
Rorvik, D. M., zit. Borch.
Rosenfeldt: Die zweite Genesis, zit. Borch.
Schaefer, H.: in: Fischer-Lexikon, Medizin I (1959), Gesundheit und Krankheit.
Scheler, M.: zit. Gebsattel.
Stegmüller, W.: Das Abc der modernen Logik und Semantik. Der Begriff der Erklärung und seine Spielarten, Berlin-Heidelberg-New York, 1969.
Thielicke, H. s. L'Allemand.

Heinz Goerke

Kranker und Krankenhaus

Wenn über den Kranken in der Gegenwartsgesellschaft gesprochen wird, muß auch die Stätte berücksichtigt werden, die nach ihm benannt ist: das Krankenhaus. Dabei darf aber nicht von einer Situation ausgegangen werden, die man häufig antrifft und die fast noch den Bedingungen gegen Ende des vorigen Jahrhunderts entspricht, sondern von derjenigen, in der sich unser Krankenhauswesen in 5 — 10 Jahren befinden dürfte.
Erhebliche Schwierigkeiten bereitet uns allerdings schon der Begriff „Kranker", den es im biologischen Sinne nicht so gibt, wie man ihn in der Umgangssprache als Gegensatz zum „Gesunden" zu benutzen pflegt. Dieser „Gesunde" ist in der überwiegenden Mehrzahl ein Mensch, der von seiner Krankheit oder gewissen Störungen in seinem Organismus noch nichts weiß, da er davon noch nichts verspürt, vielfach selbst ein objektiver Nachweis auch dem Arzt mit den besten Hilfsmitteln nicht möglich wäre. Bei Betrachtung der künftigen Krankenhausverhältnisse muß man davon ausgehen, daß eben auch Menschen, die subjektiv gesund sind, mehr als bisher ins Krankenhaus kommen werden. Bei immer mehr Krankheiten ist die Möglichkeit positiven ärztlichen Einsatzes abhängig von einer frühzeitigen Erfassung ihrer kennzeichnenden Befunde. Der Nachweis prämorbider Zustände erfolgt in der Regel, wenn nicht als Nebenbefund, an Menschen, die von sich aus keine Hinweise darauf geben können. Maßnahmen dieser Art sind Bestandteil der sogenannten präventiven Medizin.
Auch Menschen mit seelisch bedingten Organerkrankungen müssen in modernen Krankenhäusern Unterkunft finden können. Diese Krankheiten haben für den Arzt in der Praxis als für den, der am unmittelbarsten mit dem Patienten zu tun hat, schon immer eine große Rolle gespielt. Dort hat man diese Zusammenhänge erkannt, aber auch andere Einflüsse der Umwelt auf den Kranken bereits in Rechnung

gestellt, die für die klinische Medizin jetzt und in Zukunft zunehmend Bedeutung erlangen werden. Es wird also ein in mancherlei Hinsicht anderer Kranker sein, mit dem wir in den nächsten Jahren und Jahrzehnten in unseren Krankenhäusern zu rechnen haben. Und auch das Krankenhaus wird anders als das heutige sein.
In Deutschland gibt es wie auch in einigen Nachbarländern noch Krankenhäuser, die sowohl in baulicher als auch in struktureller Hinsicht nicht mehr zeitgemäß sind. Moderne Medizin läßt sich in solchen Häusern nur schwer oder nur unter großem Kostenaufwand betreiben. Das kennzeichnende Merkmal moderner Krankenhäuser bildet die Technisierung. Sie wirkt sich in allen Bereichen aus und betrifft nicht nur die medizinischen Einrichtungen. Auch die Verwaltung und die Versorgungsanlagen weisen einen hohen Grad an spezifischer apparativer Ausstattung auf. Buchungsautomaten, Fernsehsysteme, elektronische Datenverarbeitungsanlagen und nachrichtentechnische Hilfsmittel gehören heute schon zur selbstverständlichen Ausrüstung vieler Krankenhäuser. Von diesen Veränderungen werden alle berührt, Ärzte, Pflegekräfte und das medizinisch-technische Personal, die Mitarbeiter der Verwaltung und der Versorgungsdienste und direkt sowie indirekt die Patienten. Es handelt sich dabei immerhin um einen Vorgang, der schon um die Jahrhundertwende eingesetzt hat. Seit vor fünfundsiebzig Jahren mit der Entdeckung der Röntgenstrahlen durch Wilhelm Conrad Röntgen sehr eindrucksvoll der Einbruch der Technik in die Medizin eingeleitet wurde, verlief die weitere Technisierung des Krankenhauses ziemlich kontinuierlich, in den Jahren nach dem Zweiten Weltkrieg dann infolge des überall eingetretenen zivilen Nachholbedarfs auf der Planungs- und Entwicklungsseite schneller, als die Wirtschaftslage der Krankenhausträger zu verwirklichen vermochte. In einem Krankenhaus die Technik optimal einzusetzen, läßt sich nur in einem Neubau durchführen. Umbauten und Ergänzungen der Ausstattung sind nicht nur kostenaufwendiger, die Ergebnisse können auch kaum einmal recht befriedigen. Schließlich führt eine hohe Technisierung auch zu strukturellen Veränderungen innerhalb des Krankenhauses, Arbeitsablaufvorgänge neuer Art werden notwendig, denen die alten räumlichen Verhältnisse nicht entsprechen.
Die Entwicklung im Krankenhauswesen läßt sich weitgehend vorausberechnen. Wir wissen ziemlich gut, was in den nächsten zehn bis zwanzig Jahren in den Krankenhäusern geschehen muß und wie dieser Prozeß von der personellen und der sachlichen Seite abzuwickeln

ist. Wir wissen auch, daß man heute das Krankenhaus nicht mehr als ein isoliertes Objekt für die Versorgung eines Kreises oder einer Stadt, sondern nur im Rahmen großräumiger Planung der gesundheitlichen Versorgung der Bevölkerung sehen kann.
Das Interesse der Öffentlichkeit am Krankenhaus ist heute größer als jemals vorher. Presse, Funk und Fernsehen beschäftigen sich mit erfreulicher Regelmäßigkeit mit vielen Problemen wie Neuerrichtung, personelle Versorgung, Liegezeiten und ärztlichen Spezialaufgaben. Uns alle trifft laufend eine Fülle von Informationen aus diesem Bereich. Leider wird dabei sehr oft der Blick auf die Gesamtsituation dadurch getrübt, daß Berichte über Einzelereignisse, z. B. über moderne großartige Krankenhäuser stark in den Vordergrund gerückt werden. Infolge der Fülle von Informationen über das moderne Krankenhauswesen und die moderne Medizin beginnt sich eine veränderte Einstellung zur Krankheit und zum Krankenhaus zu entwickeln. Schon heute beurteilen Patienten das Krankenhaus und die ärztliche Praxis nach dem dort erlebten technischen Aufwand. Nahezu alle Apparate in der Medizin sind aber heute und vermutlich auch in der nächsten Zukunft soviel wert wie die Fähigkeiten der Benutzer beziehungsweise derjenigen, die in klinischem Zusammenhang apparativ gestützte Befunde verwerten. Da der Patient selbst in der Regel gar nicht in der Lage ist, die Befähigung der Anwender technischer Hilfsmittel zu beurteilen, nimmt er den Fetisch „Apparat" als Symbol für das Können seines Arztes. Eine veränderte Einstellung zur Krankheit ist aber auch darin zu sehen, daß immer mehr Patienten, oft sogar erkennbar und deutlich ausgesprochen, in der Krankheit ein Versagen derer sehen, die sie von Amts wegen zu betreuen haben: ihrer Krankenkasse, der mit dieser in einem Vertragsverhältnis stehenden Ärzte, des Staates und anderer Einrichtungen als Träger von Krankenhäusern und schließlich der Medizin. Für das Schicksalsmäßige in manchen Krankheitsereignissen findet sich kaum einmal Verständnis. So erleben wir die Entwicklung eines Glaubens an die Allmacht der Medizin. Gleichzeitig werden Krankheiten wie „Montagsautos" hingenommen als Ausdruck von Mängeln in der Fabrikation oder als Unzulänglichkeiten in der Wartung.
Bei all dem sollte man es sehr positiv bewerten, daß der Patient kritikfreudiger geworden ist, er ist damit auch ansprechbarer auf objektive Begründungen diagnostischer oder therapeutischer Art.
Nüchtern betrachtet ist ein neuzeitliches Krankenhaus in baulicher

und einrichtungsmäßiger Hinsicht so weit technisiert und automatisiert wie ein Industriebetrieb, und die Arbeitsabläufe sind weitgehend zentralisiert. Diese Zentralisierung führt zu einer Integration der weitgehend spezialisierten Teilgebiete der Medizin. In den letzten hundert Jahren lief eine Entwicklung ab, in der Klinik neben Klinik errichtet wurde, gegliedert nach Organfächern oder therapeutischen oder diagnostischen Besonderheiten. Die einzelnen Kliniken besaßen ein erhebliches Maß an Selbständigkeit. Unabhängig davon entstanden im Laufe der Zeit in jeder Klinik für bestimmte Bedürfnisse eigene Sekundärleistungssysteme, wie z. B. Laboratorien, Röntgeneinrichtungen, Operationssäle, Werkstätten u. a., Arbeitsplätze, die in gleicher Weise in verschiedenen Kliniken wiederkehren. Heute bemühen wir uns, für diese Dienstleistungen Zentraleinheiten zu schaffen, sie also aus den einzelnen Kliniken herauszunehmen. In Großkrankenhäusern, die wenigstens über 600 Betten verfügen, wegen der persönlichen Überschaubarkeit aber auch nicht mehr als 1500 bis höchstens 2000 Betten haben sollten, wird man in Zukunft nur noch mit derartigen Zentraleinheiten arbeiten. Alle klinisch-chemischen Laboratorien werden in einem Zentrallaboratorium zusammengefaßt, ebenso die für Hämatologie, Immunbiologie, Bakteriologie, Serologie, Endokrinologie und Nuklearmedizin. Das gleiche gilt für Operationseinrichtungen, für die zentrale Operationsabteilungen geschaffen werden, zu denen auch zentrale Anästhesieabteilungen gehören. Auch die Einrichtungen für die physikalische Therapie werden in eigenen klinikunabhängigen Abteilungen zusammengefaßt. Die Apotheke eines Krankenhauses und die wirtschaftlichen Versorgungsbetriebe sind schon immer zentralisiert gewesen, nur waren sie früher von bescheidener Größe und haben inzwischen mit dem Wachstum der Krankenhäuser vielfach imponierende Ausmaße erreicht. Neu ist für uns auch die Schaffung von medizintechnischen Zentraldiensten, zu denen die Sterilisationsanlagen und Lagerräume für Apparate und medizinischtechnische Verbrauchsgüter einschließlich der Einwegmaterialien gehören. Einwegmaterialien finden bereits jetzt in erheblichem Umfang im Krankenhaus Verwendung. Sie sind personalsparend und erhöhen zweifellos auch die Betriebssicherheit. Diese Zentralisation der medizinischen und nichtmedizinischen Dienstleistungseinheiten führt aber nicht nur zur Integration der Spezialfächer und zwingt zur Kooperation, sie gestattet auch eine Rationalisierung des Arbeitseinsatzes und eine optimale Apparateausnutzung, die unerläßliche Voraussetzung dafür sind, daß die moderne klinische Medizin bezahlbar bleibt. Mit Nachdruck muß festgestellt werden, daß man allein aus Kosten- und Personalgründen in Zukunft nicht in der Lage sein wird, Krankenhäuser nach anderen als den genannten Pinzipien zu bauen und zu betreiben. Natürlich werden auch in Zukunft einzelne Spezialeinrichtungen im Verband einer einzelnen Klinik verbleiben, nämlich immer dann, wenn sie in überwiegendem Maße für diese Klinik Verwendung finden. Es wird z. B. ein audiologisches Laboratorium im Verband einer Hals-Nasen-Ohrenklinik, eine EEG-Abteilung in der neurologischen oder neurochirurgischen Klinik verbleiben, weil die Inanspruchnahme vorwiegend durch Patienten dieser Kliniken erfolgt.

Die Zentralisierung weist aber auch einige sehr kritische Punkte auf. Es kann einmal zu Kollisionen bei der Inanspruchnahme kommen, vor allem durch die Ballung in Stoßzeiten, aber auch bei Personalausfällen. Man ist also gezwungen, Sicherungen einzubauen, die Grenzen der Zentralisierung zu bestimmen und Reservekapazitäten sicherzustellen. Ein gutes Beispiel für die Schwierigkeiten, mit denen zu rechnen ist, bietet die Bettenreinigung. Man ist in den letzten Jahren zu der Auffassung gekommen, daß alle Betten, gerade auch im Hinblick auf den Hospitalismus, in einer Bettenzentrale gereinigt, desinfiziert und neu aufgerüstet werden sollten. Wenn man davon ausgeht, daß in einem Klinikum mit 1500 Betten am Tage allein in der Operationsabteilung bei 80 Operationen ein Umschlag von 160 Betten erfolgt, 120 neue Patienten aufgenommen werden und aus anderen Gründen noch einmal ein Austausch von etwa 30 bis 40 Betten erfolgen muß, läßt sich leicht die hohe Transportleistung und die Belastung der Fahrstuhlanlagen errechnen. Es kommt hinzu, daß die Mehrzahl dieser Transporte in die Vormittagsstunden fällt, und gleichzeitig noch bettlägerige Kranke zu Spezialuntersuchungen, beispielsweise in die Röntgenabteilung, verbracht werden müssen. Die Planer dieser Bettenzentralen sahen das Problem als gelöst an, konnten jedoch nicht damit rechnen, daß sich u. a. auch im Bereich relativ unqualifizierter Arbeitskräfte eine Mangelsituation ergeben und weitere Arbeitszeitverkürzungen eintreten würden. Heute wissen wir, daß Subzentralen für die Bettenreinigung am besten in den einzelnen Etagen der Bettenhäuser eingerichtet werden müssen, die bisherige Zentralisierungstendenz also eine durch andere Faktoren bestimmte Grenze überschritten hat.

Die Personalsituation im modernen Krankenhaus ist oft Gegenstand öffentlicher Erörterung. Der Bedarf an Ärzten ist zwangsläufig angestiegen. Durch die Verkürzung der Liegezeiten, die in den letzten dreißig Jahren etwa ein Drittel betragen hat, wurde der Einsatz der Ärzte erheblich intensiviert. Heute benötigt man auf 7 bis 8 Patienten in einem Akutkrankenhaus einen Arzt im Stationsdienst. Das ist nicht nur eine Folge des höheren Patientendurchganges, sondern ist auch auf den erheblich höheren Anfall an Daten bei jedem Patienten zurückzuführen, die vom Arzt verarbeitet werden müssen.

Ähnlich ist die Situation beim Krankenpflegepersonal. Die Entwicklung der Medizin hat in den letzten Jahren dazu geführt, daß erheblich höhere Anforderungen an Wissen und Können bei unseren Pflegekräften gestellt werden. Andererseits muß man damit rechnen, daß das Pflegepersonal anders als früher wie jede andere Person im Berufseinsatz auch zum Wechsel des Arbeitsplatzes bereit ist. Es gibt heute kaum noch einen Unterschied in der Arbeitsplatzänderungsfrequenz beim Pflegepersonal im Vergleich zu anderen Berufsgruppen im öffentlichen Dienst. Eine besondere Rolle spielt das Überwiegen weiblicher Pflegekräfte. Seit um die Mitte des vorigen Jahrhunderts die Krankenpflege zum Lernberuf geworden war, entwickelte sie sich gleichzeitig im Zuge der Emanzipationsbewegung zum Frauenberuf, so daß schließlich die Krankenpflegerin fast zum Symbol der Emanzipation wurde. Heutzutage verstärken sich die Bemühungen, auch Männer für die Tätigkeit in der Krankenpflege zu interessieren und die nie vorhanden gewesene Gleichberechtigung zu erreichen. Man erhofft sich daraus eine gewisse Krisensicherheit, rechnet aber auch mit dem besonderen technischen Interesse bei Männern, das für viele Pflegebereiche von hohem Wert sein dürfte.

Im Pflegeberuf ist in den letzten Jahren ebenfalls eine zunehmende Tendenz zur Spezialisierung erkennbar geworden. Während früher die Krankenpflegeschulausbildung ausreichte, um in den meisten Einsatzbereichen des Krankenhauses voll tätig sein zu können, werden jetzt Zusatzausbildungen notwendig, nicht nur für die Operationsschwestern, sondern auch für die Pflegekräfte in der Intensivpflege, der Anästhesie, in den Dialysestationen und vermutlich bald auch in anderen Bereichen. Seit etwa 1950 ist der Begriff der „progressiven Krankenpflege" in wörtlicher Übersetzung aus dem Englischen gebräuchlich geworden. Im deutschen Sprachgebiet sollte man besser von „gestufter" Krankenpflege sprechen, um damit die Bedeutung zutreffend zu umschreiben. Man versteht darunter, daß die Pflegebereiche eines

Krankenhauses nach der Größe des Pflegebedürfnisses gegliedert werden. So versteht man heute unter Intensivpflegeabteilungen diejenigen Einheiten, in denen Kranke mit dem höchsten Bedarf an krankenpflegerischen Maßnahmen zusammengefaßt werden. Es stehen dort speziell geschultes Personal und alle erforderlichen Apparate einschließlich der Überwachungseinrichtungen zur Verfügung. Intensivpflegeeinheiten gibt es sowohl für die operativen wie die nichtoperativen Fächer. Sie sind sowohl aus den Beatmungsstationen, die während der Polioepidemien der fünfziger Jahre eingerichtet worden waren, als auch aus den Wachstationen der operativen Kliniken hervorgegangen. Aber auch bereits während des Zweiten Weltkrieges sind in den Feld- und Kriegslazaretten die Verwundeten nach ihrem Pflegebedürfnis zusammengelegt worden, da geschultes Krankenpersonal nur im beschränkten Umfange zur Verfügung stand und arbeitsintensiv eingesetzt werden mußte. Auch sonst ist früher „intensiv" gepflegt worden, jedoch in arbeitsorganisatorisch ungünstiger Form. Wenn Schwerstkranke auf Normalstationen untergebracht werden und dort mit Sonderwachen und unter Einsatz spezieller Apparate überwacht und behandelt werden, so ist das Intensivpflege, aber in einer Form, für die man heute nicht mehr das Personal zur Verfügung hat, weder von der Zahl her noch mit entsprechender Spezialausbildung. Die Arbeit in modernen Intensivpflegeeinheiten bringt ein hohes Maß an psychischen und physischen Belastungen für Pflegekräfte und Ärzte mit sich, andererseits bedeutet sie beispielsweise für die Chirurgie einen nicht weniger bedeutsamen Fortschritt wie die Einführung der Narkose oder der Asepsis im vorigen Jahrhundert.

In Intensivpflegeeinheiten ist übrigens auch eine neue Form der Zusammenarbeit entwickelt worden, wobei weniger in vertikaler und mehr in horizontaler Richtung Ärzte, speziell geschultes Krankenpflegepersonal und medizinisch-technische Assistenten zusammenwirken. Außerdem erfolgt eine volle Übergabe der Verantwortung in ärztlicher und pflegerischer Beziehung mit Verlassen dieser Stationen an diejenigen, die den Dienst übernehmen.

Unterhalb dieses Maximums an ärztlichem und pflegerischem Einsatz am Patienten lassen sich weitere Stufen mit besonderer Pflegecharakteristik gut definieren. Eine nächste Stufe bilden die Patienten der Aufwachstationen und der Entbindungsabteilungen sowie, wenn auch mit gewissen Besonderheiten, die der Infektionsabteilungen. Die Mehrzahl der Kranken wird in Normalstationen untergebracht, die weniger nach Fächern gegliedert zu sein brauchen, wie es heute noch üblich ist. In Anbetracht des großen Mangels an Pflegekräften läßt es sich nicht mehr vertreten, daß Patienten, die sich selbst versorgen können und dies auch tun möchten, im Krankenhaus durch hochqualifiziertes Personal versorgt werden. Wir brauchen dafür Tageskliniken, wo die Patienten hotelähnlich untergebracht werden und bis zu höchstens fünf Tagen (also weniger als eine Woche) zur Diagnostik, für kleinere therapeutische Eingriffe oder Nachuntersuchungen untergebracht werden können. Die nächste Stufe an Pflegeintensität bietet sich in den Nachsorgekliniken, deren Aufgabe noch so diffus gesehen wird, daß man ohne erneute Definition nicht auskommt. Man kann als Nachsorgekliniken nur solche technisch weniger aufwendigen Bettenhäuser verstehen, die an Akutkrankenhäuser angeschlossen werden, damit der Patient nur so lange in diesem verbleibt, wie er den hohen Aufwand an medizinischer Technik in diagnostischer und therapeutischer Hinsicht benötigt. In der Nachsorgeklinik muß er von dem gleichen Ärztestab weiter versorgt werden, der ihn bereits in der Akutklinik betreut hat. Man kann damit rechnen, daß dadurch die Liegezeiten in Akutkliniken ohne Nachteil für den Patienten erheblich reduziert werden können und die Ausnutzbarkeit teurer Akutkrankenhäuser verbessert wird. Nicht in Nachsorgekliniken gehören Langfristig- und Chronisch-Kranke. Langfristig-Kranke sind Patienten, bei denen bei Diagnosestellung ein mehrere Monate dauernder Krankheitsverlauf vorausgesagt werden kann. Chronisch-Kranke sind dagegen Patienten, bei denen nach dem Charakter ihrer Krankheit wenigstens neun Monate bis ein Jahr stationären Aufenthalts erforderlich sind. Eine besondere Gruppe hinsichtlich des Bedürfnisses bilden auch die Hospitalpatienten.

Die Umstellung unserer Krankenhäuser auf eine Gliederung nach der Pflegeintensität wird nur langsam gehen. Die heutige Personalsituation erzwingt jedoch neue Maßnahmen. Ebenso wichtig aber ist es, Pflegekräfte für Sonderaufgaben auszubilden, die Beschäftigung von angelerntem Personal aufgabengerecht zu steuern, für die Ausbildung zur Pflegehelferin zu werben und alles zu tun, um den Krankenpflegeberuf auch zu einem Männerberuf zu machen. Sicher müssen die Aufstiegsmöglichkeiten im Pflegeberuf verbessert werden, damit nicht nur Männer, sondern auch viel mehr befähigte Frauen als bisher in diesem Beruf volle Befriedigung finden können.

Wer heute über Krankenhäuser spricht, wird gefragt werden, wie er zum „klassenlosen Krankenhaus" steht, auch von denen, die sich dessen bewußt sind, daß es sich hierbei um ein gesundheitspolitisches Modewort handelt. Was darunter verstanden wird, hängt von dem Objekt ab, das man im Auge hat. In Altbauten gibt es eindeutige Unterschiede zwischen den Privat- und Normalstationen, wie z. B. kleinere Zimmer mit geringerer Bettenzahl und gehobenerer Ausstattung, manchmal auch in personeller Beziehung durch besonders ausgewählte Pflegekräfte. In ärztlicher Hinsicht gibt es objektiv kaum einen Unterschied, ausgenommen die Tatsache, daß der Leiter der Klinik als persönlicher Arzt gewählt werden kann. In Neubauten werden sämtliche Krankenzimmer in bezug auf Größe, Zahl der Betten und die gesamte Einrichtung normiert, in personeller Hinsicht sind keine Unterschiede vorhanden. Die überwiegende Mehrzahl der medizinischen Leistungen wird in den Zentraleinrichtungen für alle Patienten erbracht. Auch das, was als Verpflegung geboten wird, läßt sich nicht mehr nach Güteklassen aufteilen, da in modernen Krankenhäusern die Speiseversorgung weitgehend automatisiert werden muß. Alle Patienten bekommen eine qualitativ hochwertige und kalorienmäßig ausreichende Kost. Technologisch erfolgt in neuen Krankenhäusern eine Anhebung des Gesamtniveaus, d. h. also auch im Hinblick auf alle Leistungen, bis zu einer Höhe, die wirtschaftlich tragbar ist. Auch die etwa 10 % unserer Bevölkerung, die nicht von den gesetzlichen Krankenkassen erfaßt sind, müssen in den Krankenhäusern der öffentlichen Hand betreut werden können und dürfen nicht nur auf Privatkliniken angewiesen sein. Es sollte übrigens nicht übersehen werden, daß man um die Jahrhundertwende und bis in die zwanziger Jahre den öffentlichen Krankenhäusern Privatstationen beigegeben hat mit dem Ziel, hochqualifizierte Ärzte als Leiter zu gewinnen und zu verhindern, daß diese daneben noch Patienten in Privatkliniken betreuen.

Die Differenziertheit des Krankenhauswesens in der Bundesrepublik bietet immer noch Anlässe für Kritik, die größeren Neubauten nicht mehr, zumindest nicht mehr bezüglich der medizinischen und technischen Leistungen. Allerdings taucht nun die Frage auf, was man tun kann, damit der Kranke sich ungeachtet der Größe und Kompliziertheit moderner Kliniken dennoch wohl und geborgen fühlt, er mit dem Verhalten von Ärzten und Pflegepersonal zufrieden ist. Das integrierte Großkrankenhaus läßt sich wegen des inneren Zusammenspiels zahlreicher Komponenten gut mit einem biologischen Organismus vergleichen. Wie dieser ein eigenes Nervensystem benötigt, so muß auch das Krankenhaus durch ein eigenes Nachrichten- und Informationssystem gesteuert werden. Es ist kein Zufall, daß der Mensch in einer Zeit, in der im Vergleich zu früher unvorstellbare Mengen von Daten anfallen, auch das Mittel zu ihrer Bewältigung gefunden hat, die elektronische Datenverarbeitung. Ein Krankenhaus mit 1300 bis 1500 Betten braucht etwa 3000 Beschäftigte und benötigt ungefähr 60 bis 70 Millionen im Jahr an laufenden Haushaltsmitteln. Dient es als Universitätskrankenhaus auch dem Unterricht und der Forschung, so erreichen die Beschäftigtenzahl und das Haushaltsvolumen die Größenordnung eines Fertigungsbetriebes der Industrie. So wie ein solcher Betrieb sein Betriebsklima hat, gibt es auch in jedem Krankenhaus ein Krankenhausklima, das der bewußten Pflege bedarf. Da die Kommunikation von Einheit zu Einheit auch im Krankenhaus mehr und mehr auf mechanischem Wege und nicht mehr persönlich erfolgt, muß man nach neuen Möglichkeiten suchen, um die menschlichen Kontakte unter den Mitarbeitern über die Grenzen der einzelnen Bereiche hinaus zu verdichten.

Der Kranke erlebt die Medizin im Krankenhaus heute aber in ganz anderer Weise als vor wenigen Jahrzehnten. Es gibt für ihn eine Medizin vor und hinter der Wand. Hinter der Wand, unsichtbar für den Kranken, arbeitet für ihn eine laufend zunehmende Zahl von Ärzten, medizinisch-technischen Assistentinnen und anderen Mitarbeitern. Diese Tatsache ist den Patienten bekannt, dennoch vermag er das Ausmaß dieser Tätigkeit für ihn nicht zu beurteilen. Um so sorgfältiger registriert er, wie man ihn persönlich „vor der Wand" betreut. Bei guter architektonischer Lösung und einem zeitgemäßen Pflegesystem muß auch ein Patient eines Großkrankenhauses auf seiner Station genauso individuell versorgt werden können, wie das sonst in einer kleinen Privatklinik entsprechender Größe möglich war. Gute Voraussetzungen dafür bietet ein neuartiges Pflegesystem, die Gruppenpflege. Sie hat in den letzten Jahren viele Fürsprecher gefunden. Eine räumlich abgrenzbare Gruppe von 16 bis etwa 18 Patienten wird dabei von 7 bis 9 Schwestern betreut, die alle Pflegefunktionen übernehmen. Der Patient kommt dabei während seines Krankenhausaufenthaltes nur mit diesen Krankenschwestern oder -pflegern in Berührung, die ihm sehr bald bekannt sind. Umgekehrt sind die Pflegekräfte in der Lage, über ihre Patienten Bescheid zu wissen, da deren Zahl überblickbar ist. Allerdings läßt sich dieses System nur dann voll wirksam durchführen, wenn nach Ausbildungsstand und Einsatzbereitschaft ein möglichst gleichmäßig hohes Niveau bei den Pflegekräften gegeben ist. Die klassische Stationsschwester und die Abteilungsschwester werden bei diesem System im Idealfall nicht mehr erforderlich sein. Vermutlich wird sich infolge des Mangels an ausgebildeten Pflegekräften in den nächsten Jahren aber nur eine Mischung von Gruppenpflege und Funktionspflege durchführen lassen.

Leider mußte sich dieser Bericht auf wenige Dinge beschränken. Andere, fraglos ebenfalls wichtige Probleme des modernen Krankenhauses konnten nicht behandelt werden. Es wurde jedoch versucht, die für die veränderte Situation des Kranken in Beziehung zum Krankenhaus und zum Krankenhausarzt wesentlichsten Gesichtspunkte zu berücksichtigen.

Josef Matussek

Die gesamtgesellschaftliche Bedeutung der Krankenfürsorge und Probleme der Finanzierung

Krankenfürsorge im Rahmen dieses Themas kann begrifflich nicht eng gefaßt werden. Ich meine damit alles, was dem Kranken dient, dem potentiellen Kranken, dem durch Krankheit Geschädigten; Hilfe durch präventive und kurative Medizin, Fürsorge und Rehabilitation, Verwaltung und Politik. Im Selbstverständnis von heute erhält Krankheit ihren Stellenwert von der Gesundheit. Wer was vom Leben haben will, muß gesund sein. Die moderne Medizin macht's möglich. Danach ist Krankenfürsorge das, was der Gesundheit des Kranken und potentiellen Kranken dient.
Das Thema ist komplex, und gerade deshalb wird es versimpelt. Je nach Standort und Interesse fällt das Urteil bei oberflächlicher Betrachtung positiv oder negativ aus. Wer sich mit der Wohlstandsgesellschaft solidarisch weiß, gesund und unangefochten in einer heilen Welt lebt, ist zufrieden mit dem Erreichten, mit unserer Krankenfürsorge, stolz auf das viele Geld, das Staat und Gesellschaft jährlich für die Gesundheit ausgeben. Wer Krankheit als schicksalhaften Einbruch in sein Leben erfahren, wer sein Leben lang Krankheitsfolgen zu tragen hat, wirtschaftlich benachteiligt ist, denkt anders über die „Segnungen" der Wohlstandsgesellschaft. Er hat die Kehrseite der Medaille vor Augen.
Es ist zwar Mode, mit Zahlen und Statistiken zu argumentieren, die gesamtgesellschaftliche Bedeutung der Krankenfürsorge läßt sich aber so wenig quantifizieren wie durch Hervorkehren gewisser Außenseiten schlagwortartig auf einen Nenner bringen. „Verwaltete Gnade", „Samariter-Apparat des Wohlfahrtsstaates". Für Romantiker erhebt sich düster die Gesundheitsfabrik von heute auf dem goldenen Hintergrund von Anno mit dem guten alten Hausarzt.
Das Thema ist vielseitig, das ist das Problem. In unserer komplizierter werdenden Welt will es uns immer weniger gelingen, eine Sache von mehreren Seiten zu betrachten. Die wachsende Wissensfülle, die

steigende Informationsflut legen Beschränkungen auf, fordern Auswahl. Bevorzugung einer Seite bei gleichzeitiger Benachteiligung anderer Seiten. Interesse und Milieu, der Zug der Zeit, Tendenzen in der öffentlichen und veröffentlichten Meinung begünstigen vereinfachende, einengende, einseitige Betrachtungsweisen. Tatsache ist, wir verlieren den Blick für Zusammenhänge. Das ist nicht leichtzunehmen. Aus der einseitigen Blickrichtung ergeben sich Fehleinschätzungen und daraus folgende Fehlinvestitionen. Für die Frage nach der gesamtgesellschaftlichen Bedeutung der Krankenfürsorge sind die wechselseitigen Beziehungen und Abhängigkeiten zu anderen Bereichen unseres gesellschaftlichen Lebens wesentlich. Je mehr den Zusammenhängen und Wechselwirkungen Rechnung getragen wird, um so größer ist die Effizienz der Krankenfürsorge in unserer Gesellschaft und dementsprechend ihre tatsächliche Bedeutung. Werden die Zusammenhänge nicht gesehen oder nur unzureichend berücksichtigt, dann beeinflußt das die Wirkmöglichkeit der Krankenfürsorge. Glänzende Fassaden und viele schöne Worte können über das wirkliche Defizit, das früher oder später sichtbar wird, auf die Dauer nicht hinwegtäuschen. Die Interdependenzen von Gesundheit und Wirtschaft, Gesundheit und Sozialpolitik, Medizin und Technik, Krankenhauspraxis und Ausbildung, das Verhältnis von Krankenfürsorge und Gesellschaft müssen uns, wenn sich die Schwierigkeiten nicht weiter häufen sollen, mehr als bisher beschäftigen. Ich vermag nur auf einiges hinzuweisen.

Volkswirtschaftlich gesehen stellt die Medizin mit allem, was dazugehört, einen Wert dar, der mit über siebzig Milliarden DM jährlich geschätzt wird. Allein schon diese Tatsache verbietet es, die Krankenfürsorge zu einer „quantité négligeable" zu machen. Wie anders läßt es sich erklären, daß jahrzehntelangen offiziellen Versprechungen kaum Taten folgen und das Krankenhausdefizit in Milliardenhöhe weiterwächst. Wenn es schon den Verantwortlichen gleichgültig ist, daß eine defizitäre Krankenhauspolitik nicht das Optimum leisten kann, dann sollte die Tatsache zu denken geben, daß der Ausfall an Arbeitskräften im Produktionsprozeß auch volkswirtschaftlich zu Buche schlägt.

Ich verkenne nicht, daß der Wirtschaftsriese Bundesrepublik mit dem Wiederaufbau Beachtliches geleistet hat. Ob und inwieweit die vielen Milliarden richtig und zweckentsprechend eingesetzt worden sind, ist eine andere Frage. Die Politik der vollen Kassen und des leichten Geldes konnte nicht immer garantieren, daß Quantität auch in Qua-

lität umschlägt. Wir halten mit die meisten Krankenhausbetten in der Welt, haben aber auch die höchste Verweilsdauer. Andere erreichen mit weniger mehr.
Nach der Sozialenquète haben Sozial- und Wirtschaftspolitik nicht genau trennbare Lebensbereiche oder Menschengruppen zum Gegenstand, demzufolge nicht voneinander trennbare gesellschaftspolitische Zielsetzungen. Ich habe Bedenken: wegen der sich aus der Sache ergebenden Zielkonflikte, wegen der Prioritäten des Ökonomischen oder Humanen. Arzneimittelhersteller gaben für Forschung 10 % und 25 bis 40 % des Umsatzes für Verkaufsförderung aus. Ärzte erzielen Einnahmen, die immer wieder öffentliche Kritik herausfordern. Die Kommerzialisierung unseres Lebens macht auch vor der Medizin nicht halt. Die tatsächlichen Prioritäten sind eben andere als die, die der Sozialstaat fordert.
Art und Ausmaß der Krankenfürsorge werden beeinflußt von der Leistungsfähigkeit des einzelnen bzw. seiner Kasse. Wir werden zwar in aller Welt um unsere gesetzliche Krankenversicherung beneidet, die steigende Nachfrage nach Gesundheitsdiensten und die wachsenden Krankheitskosten überfordern das Leistungsvermögen der Kassen. Familien verweigern die Zustimmung zur Behandlung von Angehörigen, weil ihnen die Behandlungskosten an einer künstlichen Niere zu hoch sind. Zu Operationen von Kindern mit schweren Herzkrankheiten, die wegen fehlender Behandlungsmöglichkeit in der Bundesrepublik in den USA durchgeführt werden, gewährt die gesetzliche Krankenkasse zu Operationskosten von 30 000 DM einen Zuschuß von 5000 bis 7000 DM. Eltern kranker Kinder wenden sich daher mit der Bitte um Spenden an die Öffentlichkeit. Die Spendefreudigkeit läßt aber nach. Soll die Praxis die soziale Theorie Lügen strafen und Wirklichkeit sein „weil du arm bist, mußt du sterben"?
Unterricht und Praxis halten nicht Schritt mit dem rasanten medizinisch-technischen Fortschritt. Die elektronische Datenverarbeitung wird ein integrierender Bestandteil der modernen Krankenhausmedizin sein. Wie eine kürzlich veranstaltete Rundfrage ergab, ist das bekundete Interesse an der Elektronik im Krankenhaus jedoch gering. Es fehlen die Fachleute. Eine vorausschauende Bildungspolitik hätte beizeiten Lehrstühle und Schulen eingerichtet zur Ausbildung von Spezialisten der Datenverarbeitung. Bis wir den heute möglichen Stand auch in der Bundesrepublik erreichen, wird noch einige Zeit vergehen und Geld für dilettantische Experimente verplempert sein.

Die deutsche Medizin hatte einmal Weltgeltung. Sie war mehr praktisch als theoretisch orientiert. Die neue Ausbildungsordnung für Ärzte trägt der Praxis wieder mehr Rechnung. Die Voraussetzungen für eine praxisnahe Ausbildung, etwa durch Einbeziehung der großen Krankenhäuser als Lehrkrankenhäuser, müssen vielfach aber erst noch geschaffen werden.
Krankenpflegeschulen sind nicht selten Zwergschulen. Eine gewisse Mindestgröße ist aber unabdingbar. Schwerpunkte der Ausbildung sind unerläßlich. Nicht wenige Krankenhausträger sehen in einer Schule mehr das Personalreservoir, aus dem sie Lücken im Betrieb stopfen; das Ausbildungsniveau, die Schule als Instrument der Leistungssteigerung interessiert sie weniger.
Über die Beziehungen zwischen Gesundheit und gesunden Lebensbedingungen gibt es keine Zweifel. Ärzte, die sich für die Belange der Volksgesundheit einsetzen, stoßen nicht selten auf taube Ohren bei Planern und Gemeinderäten, denen Industrieförderung wichtiger erscheint als die Belange der Luft- und Wasserhygiene oder des Lärmschutzes. Die Gewerbesteuer betätigt sich nur zu oft als Stadtplaner.
Die Beispiele über das Plus und Minus der Beziehungen der Krankenfürsorge zu den verschiedenen Gebieten unseres gesellschaftlichen Lebens und daran anknüpfende Betrachtungen über die soziale Kreislaufstörung könnten fortgesetzt werden. Ausschlaggebend für Wert oder Unwert, Vorrang oder Nachrang, Effizienz oder Ohnmacht der Krankenfürsorge sind der Zustand der Gesellschaft, ihr Geist und ihre Wirkkräfte. Unsere Krankenfürsorge wird von dem So- und Dasein unserer Gesellschaft geprägt. Sie ist das Kind unserer Gesellschaft, der Leistungs- und Profitgesellschaft, der Konsum- und pluralen Gesellschaft, der technologischen Massengesellschaft. In der Profitgesellschaft zählt der Produktive. Die noch nicht Produktiven und die nicht mehr Produktiven haben nur geringe Chancen, die Kinder, die Behinderten, die Alten, die Invaliden. Allerdings hat, wer zahlt, auch dann noch Vorteile. Der Ruf nach dem „klassenlosen Krankenhaus" hätte wohl kaum eine solche Resonanz, wenn „die Gleichheit aller vor dem Arzt" überall Wirklichkeit wäre.
Gesundheit ist nicht nur Gabe, sondern auch Aufgabe, fordert Mittun und persönliches Engagement. Wer gesund bleiben will, kann dem Trend zur konsumorientierten Lebensweise nicht uneingeschränkt folgen. Prävention und Rehabilitation sind mit passiver Lebenshaltung nicht zu bewältigen. Die passive Grundbefindlichkeit so vieler geht

einher mit der seelischen Verkümmerung oder Entfremdung durch die technologische Massengesellschaft.
Die Neurosen sind zu Massenseuchen des 20. Jahrhunderts geworden. Mag die Konformität nach außen auch lückenlos sein, die innere Anpassung an die Welt der Apparate und der Arbeitsteilung, an das Dasein von Angebot und Nachfrage wird von vielen innerlich nicht vollzogen. Die Medizin steht vor neuen Aufgaben. Mit Medikamenten und Instrumenten lassen sich viele Krankheiten nicht heilen. Irgendwann stellt sich die Frage nach Sinn und Unsinn der Krankheit und damit nach Sinn und Unsinn des Daseins. Der pluralen, in Existenzfragen weithin ratlosen Gesellschaft der Gegenwart wird die Antwort schwerer als früher, in einer Welt mit noch nicht erschüttertem Wertbewußtsein. Technik und Wissenschaft können die Antwort nicht geben. Im Zentrum aller Probleme steht die uralte Frage nach dem Menschen und seiner Bestimmung: was ist der Mensch, was will der Mensch, was braucht der Mensch. Gemeint ist der durch die technische, naturwissenschaftliche Entwicklung, durch Umwelt, Arbeit und Lebensweise veränderte Mensch. Hier ist der Ansatzpunkt für die Fortentwicklung der Krankenfürsorge. Vom Menschen und auf den Menschen hin müssen die für unsere Zeit gültigen Maßstäbe und die Orientierungsdaten für die Zukunft gesetzt werden. Rezepte gibt es nicht. Aber soviel ist klar: Die von Menschen gemachte und von Menschen zu verantwortende Welt wird nur dann eine Überlebenschance haben, wenn sie eine menschenwürdige Welt wird. Wenn wir nicht der Medizin ohne Menschlichkeit ausgeliefert sein wollen, heißt das Vermenschlichung der Krankenfürsorge.
Seit der „Einführung des Subjekts in die Medizin" (Viktor von Weizsäcker) ist der moderne Arzt wieder systematischer auf die Persönlichkeit seines Patienten hingewiesen worden (H. Schipperges, Moderne Medizin im Spiegel der Geschichte, Stuttgart 1970, 20). In den kollektiven Zwängen von heute ist individuelle Behandlung keine einfache Sache. Die Anzahl der stationären Patienten hat sich in fast 100 Jahren mehr als verzehnfacht. Die Krankenhaushäufigkeit nimmt zu. All dies sei festgestellt. Das rechtfertigt noch nicht seelenlose Massenabfertigung. Dazu kommen wir allerdings, wenn wir mit den Methoden aus „Opas Zeit" Medizin von heute betreiben. Durch Computer-Einsatz lassen sich Untersuchung und Behandlungsgänge wesentlich verbessern. Der Arzt gewinnt Zeit für den Patienten, die im Massenbetrieb so knapp bemessen ist. Der Computer soll nicht den Arzt er-

setzen, sondern ihm wesensfremde Arbeit abnehmen und ihn freimachen für die Aufgabe, die der Computer nicht und nie übernehmen kann. Das Gerät registriert keine Leiden, Schmerzen und seelischen Nöte. Dafür ist der Arzt da.

Eine den Bedürfnissen des Patienten Rechnung tragende Neuordnung des ärztlichen Dienstes und Umstrukturierung des Krankenhausbetriebs wird künftig von kleineren Kliniken und Abteilungen mit sechzig bis hundert Betten ausgehen. Dies ermöglicht dem leitenden Arzt und seinen Mitarbeitern, sich intensiver um jeden Patienten zu kümmern, was bislang in den hierarchisch von einem Chefarzt geleiteten Großkliniken mit dreihundert und mehr Betten nicht möglich war. In Anbetracht dessen, daß das Problem der modernen Medizin der einzelne Kranke ist, wird man künftig der psychosomatischen Medizin mehr Platz einräumen.

Krankenfürsorge, die den Menschen ernst nimmt, wird alles tun, um Krankheiten zu verhüten durch Gesundheitsvorsorge und Krankheitsabwehr. Die Aufgabe ist alt. Sie umfaßt heute vielfältige Maßnahmen, angefangen von der individuellen Beratung bis zur Verbesserung der sozialen Infrastruktur. Trotz so vielen Geredes über den Wert der Vorsorge ist die Präventivmedizin weithin noch Entwicklungsland. „Wenige der Präventivmaßnahmen können als der Weisheit letzter Schluß bezeichnet werden" (H. E. Bock). Verhältnismäßig wenige Krankheiten lassen sich auf relativ einfache Weise erkennen und behandeln. Die Forderung nach allgemeinen Vorsorgeuntersuchungen für die gesamte Bevölkerung erscheint mir, jedenfalls derzeit, noch wenig sinnvoll. Sie erweckt Erwartungen, die nicht erfüllt werden können. Abgesehen davon, daß bereits die Beschaffung der erheblichen finanziellen Mittel und der nötigen Fachkräfte kaum überwindbare Schwierigkeiten bereitet, ist es fraglich, ob die Bevölkerung willens ist, sich in kurzen Abständen, also in optimalen Intervallen von einmal, vielleicht auch zweimal jährlich, untersuchen zu lassen. Hinzu kommt, daß die Vorsorgemaßnahmen dem neuesten Stand der Wissenschaft entsprechen und erprobt sein sollen. Daran hapert es ebensosehr wie an ausreichenden Behandlungsmöglichkeiten für die Untersuchten. Generelle Massenuntersuchungen „nach Art der Fischzüge" (F. Deich) sind daher, jedenfalls derzeit, wohl kaum das Wahre. Um so mehr sollten alle Kräfte in den Dienst gezielter, sorgfältig geplanter, mit den vorhandenen Behandlungsmöglichkeiten abgestimmter Vorsorgeuntersuchungen gestellt werden. Trotz kollektiver Erforder-

nisse der Versorgung im Massenzeitalter werden die nicht nur menschlich, sondern auch medizinisch gebotenen individuellen Faktoren zu berücksichtigen sein. Was dem einen bekommt, ist dem anderen schädlich. Freilich steht die Medizin heutzutage nicht selten vor einer Schranke. Die inaktive Grundhaltung vieler erschwert die Vorsorge. Gesundheitsgemäße persönliche Lebensführung können Staat und Gesellschaft nicht erzwingen. Gesundheit ist eine persönliche Sache, die einem Selbstbeteiligung nicht erspart. Im Interesse individueller und optimaler Leistungseffizienz sollten freipraktizierende Ärzteschaft und öffentlicher Gesundheitsdienst partnerschaftlich kollegial zusammenarbeiten. Bei der Fülle ungelöster Aufgaben können wir uns den Luxus von Zersplitterung und systemlosem Nebeneinander nicht länger erlauben. Prävention um des Menschen willen muß heute weiter und umfassender gesehen werden als früher. Die Verbesserung unserer Umweltverhältnisse ist zu einer Existenzfrage der Menschheit geworden. Anfang 1970 erklärte der Präsident der Vereinigten Staaten von Amerika, Richard Nixon, vor den Mitgliedern des Amerikanischen Kongresses: „Das große Problem der siebziger Jahre lautet: Sollen wir vor unseren Umweltverhältnissen kapitulieren? ... Das Programm, das ich dem Kongreß vorschlagen werde, wird das umfassendste und kostspieligste Programm auf diesem Gebiet in der amerikanischen Geschichte sein ..."
An Appellen und Programmen fehlt es auch bei uns nicht. Taten sind notwendig. Zur Verdeutlichung der Lage sei auf einiges hingewiesen: Die Motorisierung nimmt zu, der Kraftverkehr steht jetzt an erster Stelle der Luftverschmutzung mit einem Anteil von 42 %, gefolgt von der Industrie mit 35 %. Dennoch wird der Individualverkehr in die Innenstädte geführt. Der Straßen- und Fluglärm wächst, die Bautätigkeit und Wohndichte und einiges andere mehr machen den Lärm in den Städten allgegenwärtig. Appelle, Gesetze, Kundgebungen, Kongresse, Lärmmessungen, Lärmschutz hier und dort, alles in allem keine wirksame Lärmabwehr.
Der Europarat verkündigte im Mai 1968 die europäische Wassercharta. Sie war Auftakt einer bis 1970 in allen Mitgliedsstaaten betriebenen Informationskampagne. Ergebnis: Die Verschmutzung der Gewässer schreitet weiter fort. Pro Jahr müßten zwei Milliarden DM aufgewendet werden, um in fünfzehn Jahren die Bedrohung unserer Gewässer durch Abwässer ausschalten zu können.
Zur Krankenfürsorge von heute gehören nicht nur präventive und

kurative Medizin, sondern auch die immer noch so vernachlässigte Rehabilitation. Es handelt sich um Wiederherstellung beschädigten Lebens, um Hilfe für die durch Krankheit, Unfall, Geburtsbehinderung, Kriegsfolgen, durch körperliche, geistige, seelische Schäden Benachteiligten. Viele warten seit langem auf wirksame Hilfe. Sie beziehen Rente oder erhalten öffentliche Zuwendungen, nicht selten verbittert und unzufrieden, weil Staat und Gesellschaft ihnen vorenthalten, worauf sie einen Anspruch haben, nämlich auf optimale Maßnahmen medizinischer Rehabilitation, in Verbindung mit beruflichen oder schulischen oder anderen sozialen Veranstaltungen. Wir haben aufzuholen, auch in der Ausbildung von Fachkräften. Die beschützenden Werkstätten, Fortbildungs- und Umschulungseinrichtungen reichen nicht aus. Es werden spezielle Krankenhäuser und Behandlungsstätten benötigt. Ziel ist die Hinführung Beschädigter und Behinderter zur Teilnahme am normalen Leben, soweit das jeweils möglich ist. Der Erfolg ist abhängig von einer sinnvollen, planvollen Koordinierung der verschiedenen Maßnahmen. Auch insofern läßt die Praxis noch Wünsche offen. Das hat vielerlei Gründe: mangelnde Information, fehlendes öffentliches Interesse. Nicht zuletzt ist daran mit schuld eine latent vorhandene, bisweilen zutage tretende antihumane Einstellung der Gesellschaft. Unsere Gesellschaft verdrängt nur zu gern aus ihrem Bewußtsein das, was sie herausfordert, was der Optik von heute und der Vorstellung von der heilen Welt zuwider ist, so auch die geistig und seelisch Kranken aus ihrer Nachbarschaft und damit aus ihrem Bewußtsein. Ein freier Wohlfahrtsverband wollte für vier Millionen DM auf der Gemarkung eines Dorfes ein Heim für dreihundert geistig und körperlich behinderte Kinder bauen. Auf massiven öffentlichen Druck einschließlich Morddrohung hat der Gemeinderat das Vorhaben abgelehnt (Stuttgarter Zeitung vom 29. 6. 1970). Wenn Krankenfürsorge sich nur um die kümmert, bei denen es sich noch lohnt, ist sie „Medizin ohne Menschlichkeit". Gelingt es uns nicht, die antihumanen Kräfte zu bannen, dann wird die Zukunft allen optimistischen Zukunftsdeutern zum Trotz barbarisch sein, im Zeichen der Menschenvernichtung stehen, wenn auch technisch und wissenschaftlich perfekter und umfassender als vormals in den dunkelsten Jahren unserer Geschichte.
Ohne Geld geht es nicht. Die Krankenfürsorge braucht viel Geld, in Zukunft mehr als bisher. Aus Berichten von Krankenversicherungen: Beinamputation als Folge eines Verkehrsunfalls 24 000 DM; 331 Tage

Krankenhausaufenthalt nach einem Schlaganfall 21 600 plus 5000 DM Tagegeld; Herzinfarkt 31 560 DM. — Das schafft der einzelne nicht. Hier muß die Versicherung oder die öffentliche Hand einspringen.
Das Gesetz über die Fortzahlung des Arbeitsentgelts im Krankheitsfalle (Lohnfortzahlungsgesetz) und über Änderungen des Rechts der gesetzlichen Krankenversicherung (Krankenversicherungsänderungsgesetz) vom 27. Juli 1969 brachte nicht den erwarteten Reformanstoß. Weitere Anforderungen gefährden die Leistungsfähigkeit der Kassen. Die Heraufsetzung der Pflichtgrenze ist unausweichlich. Sie wird voraussichtlich in Anpassung an die soziale Rentenversicherung dynamisiert werden. Wird das die Lösung sein?
Wir stehen vor der Frage, Freiheit und Zwang der Krankheitsvorsorge in Einklang zu bringen. Verspricht mehr Zwang eine Verbesserung der Situation? Liefert der umfassende staatliche Gesundheitsdienst in anderen Ländern den Beweis besserer Effizienz? Das scheint nicht der Fall zu sein. Die allgemeine Zwangsversicherung hätte die Auflösung der privaten Krankenversicherung zur Folge. Das ist nicht leichtzunehmen. Die private Krankenversicherung ist ein begrüßenswerter Konkurrent und ein nicht zu unterschätzendes Korrektiv der gesetzlichen Krankenversicherung. Meine Hauptbedenken richten sich gegen allzuschnelle Schritte in Richtung auf eine umfassende, totale Regelung, gegen das quantitative Denkschema, auf dem bisher üblichen Weg durch Heraufsetzung der Pflichtgrenze von den Pflichtversicherten zusätzliche Mittel zu erhalten, ohne sich den sachbedingten, durch die Veränderung sich ergebenden neuen Problemen ernsthaft zu stellen. Die gesetzliche Krankenversicherung hat ein ehrwürdiges Alter (1883). Ob sie den heutigen Erfordernissen und der weiteren Entwicklung in allem strukturell entspricht, diese Frage ist noch nicht ausdiskutiert. Die beabsichtigte Herausnahme gewisser Krankenhauskosten aus dem Pflegesatz und die Einführung des gespaltenen Pflegesatzes ist ein Anfang, meines Erachtens ein richtungweisender Anfang, wenn man berücksichtigt, daß künftig etwa 50 % aller Kosten der Gesundheitspflege auf die Krankenhausmedizin entfallen. Mit der Reform der Krankenversicherung sollte die Reform der Krankenhausfinanzierung einhergehen.
Bundesarbeitsminister Storch hatte bereits im Jahre 1955 erklärt, Krankenhäuser sind Einrichtungen der öffentlichen Gesundheitspflege. Ihre Erhaltung und Errichtung ist eine öffentliche Aufgabe. Diese Auffassung hat die Bundesregierung bekräftigt.

Die Übernahme der Vorhaltekosten durch die öffentliche Hand wäre mit einer hochbedeutsamen ordnungspolitischen Aufgabe verbunden. Wir brauchen dringend mehr Ordnung und System auf dem Krankenhaussektor. Das Leistungsgefälle von Stadt zu Stadt, von Land zu Land in der Krankenhausversorgung ist beträchtlich. Engpaß und Überhang auf engem Raum, Betten fehlen, wo sie dringend benötigt werden, sind vielleicht vorhanden, wo sie nicht benötigt werden. Es fehlen hochleistungsfähige Fachzentren. Die Standorte der vorhandenen Zentren sind nicht so verteilt, wie dies unter dem Gesichtspunkt optimaler regionaler Versorgung richtig wäre. Mit der Änderung von Art. 74 GG ist ein Anfang gemacht. Ein Krankenhausfinanzierungsgesetz soll folgen. Auf dem Weg über die wirtschaftliche Sicherung der Krankenhäuser in der Mitverantwortung des Bundes müssen wir zum koordinierten Leistungssystem der Krankenhäuser kommen. Derlei Rationalisierung wird auch kostensparend sein. Die Übernahme der Vorhaltekosten durch die öffentliche Hand ändert nichts an der pluralen Trägerschaft, die wir in der Bundesrepublik haben. Die Eigenständigkeit der freien Träger bleibt unangetastet.

Die siebzig Milliarden DM für die Supermacht Medizin sind sicher eine respektable Größe. Was damit gemacht wird, inwieweit Aufwand und Wirkung in Einklang stehen, darüber sagt die Zahl nichts. Vergleichsweise zu den Umsätzen und Investitionen anderer Sektoren ist aber auch dieser Betrag bescheiden. Von je einhundert DM, die Bund, Länder und Gemeinden 1968 ausgegeben haben, entfielen nicht einmal vier DM (3,6 %) auf das Konto Gesundheit. Das Defizit im Gesundheitswesen ist beträchtlich. Tausende von Herzpatienten müssen lange auf die so notwendige Operation warten. Etwa 18 Herzzentren fehlen. Nierenkranke müssen sterben, weil nicht genügend Dialysestationen zur Behandlung chronisch Nierenkranker vorhanden sind. Nur zehn Prozent der Schädelverletzten können fachgerecht behandelt werden, weil die vorhandenen neurochirurgischen und neurologischen Fachabteilungen nicht ausreichen. Fünfzig werden benötigt. Für Alterskranke, Langlieger, Säuglinge mit Geburtsschäden, Behinderte, Querschnittsgelähmte fehlen Betten und Plätze in Krankenhäusern und Heimen. Zwei Millionen Frühinvaliden warten auf angemessene Rehabilitation. Zweitausendachthundert körperbehinderte Kinder in Baden-Württemberg haben keine Bildungschancen, weil es für sie keine Schulen gibt. In der Bundesrepublik fehlen Tausende von Fachanästhesisten und Psychotherapeuten, Spezialisten für medi-

zinische Technik und Datenverarbeitung. Der Mannheimer Professor Häfner bezeichnete die Situation der neunundfünfzig psychiatrischen Landeskrankenhäuser der Bundesrepublik als nationalen Notstand. Der Katalog kann fortgesetzt werden, aber das ist nicht das Ganze. Dazu gehören die positiven Seiten der Krankenfürsorge: der Wiederaufbau nach dem Kriege, die großen Erfolge auch der deutschen Medizin, zum Beispiel in der Bekämpfung der Infektionskrankheiten, die Verbesserungen im Medizinstudium. Neben den weithin sichtbaren Fakten und Leistungen schlagen nicht minder positiv zu Buch das wachsende Interesse an sozialen Berufen, die Zunahme des Pflegepersonals, das stille Wirken der Schwestern, der selbstlose Einsatz von Ärzten, die unermüdliche Tätigkeit von Idealisten in der Suchtfürsorge und gesundheitlichen Volksaufklärung. Trotz alledem erscheint mir die Bilanz unserer Krankenfürsorge negativ. Wir brauchen mehr Geld. Mit der Vergrößerung des finanziellen Spielraums allein werden die Probleme nicht gelöst.
Die Effektivität der Krankenfürsorge hängt wesentlich ab von den Grundentscheidungen in der Politik. Gesundheitspolitik muß wissen, worauf es ankommt und wohin die Reise gehen soll. Sie sollte vor allem ihren spürbaren Beitrag leisten zur Schaffung von gesunden und menschenwürdigen Lebensbedingungen und Vorkehrungen treffen für das Leben in der Welt von morgen. In einer Welt wachsender Schwierigkeiten, immer komplizierterer Verhältnisse, mit immer mehr Menschen auf engem Raum, sind mutige Lenkung und Kooperation in Achtung vor der Menschenwürde und der freien Entfaltung der Persönlichkeit unerläßlich. Wir brauchen mehr Mittel für Bildung und Gesundheit und werden uns daher manchen Eingriff in unser privates Wohlstandsdenken und -verhalten gefallen lassen müssen.
Derzeit geben wir für Alkohol und Nikotin mehr aus, als wir für das Krankenhauswesen übrig haben — dreißig Milliarden DM gegenüber sechs bis acht Milliarden DM jährlich. „Der Wohlstand, in dem wir leben, ist ein Betrug, denn er wird durch die Vernachlässigung der Schulen und Universitäten, der Krankenhäuser und Altersheime, des Straßenbaus und der Wasserversorgung bezahlt" (Georg Picht, „Mut zur Utopie", München 1969, S. 124).
Jede Neuorientierung muß mit einer nüchternen Tatbestandsaufnahme beginnen. Die technischen Mittel der Krankenfürsorge sind unzureichend. Die Medizinalstatistik ist lückenhaft. Es fehlen Morbiditätsanalysen, geprüfte internationale Vergleichszahlen, Prognosen über

das Krankheitsgeschehen. Während Daten über die wirtschaftliche Situation und Entwicklung verhältnismäßig leicht zu erhalten sind, ist es nahezu unmöglich, hieb- und stichfeste Daten über den Bedarf an Krankenbetten und die Bedarfsentwicklung zu erhalten. Wir stehen immer wieder vor Lücken in der Krankenversorgung. Derlei Mängel sind Ausdruck mangelnder Voraussicht und zielstrebiger, qualifizierter Planung. Man schätzt die Fehlinvestition als Folge fehlgeleiteter medizinischer Maßnahmen auf über fünfzig Milliarden. Wir brauchen die interdisziplinären und auch interministeriellen Planungsstäbe, weil Planen nicht partiell, sondern nur noch als integrierte Gesamtplanung sinnvoll ist. Die Planung von Bund und Ländern ist neuesten Erkenntnissen anzupassen. Die wesentlichen, bisher aufgeschobenen, vernachlässigten oder nicht erkannten öffentlichen Aufgaben müssen nach Rang und Dringlichkeit in mittel- und langfristigen Programmen erfaßt und in ihrem Aufwand quantifiziert werden.

Politisches Wollen, das in Praxis umgesetzt werden soll, muß sich auf eine leistungsfähige Verwaltung stützen. Eine Verwaltung, die nach alter Manier weiterwurstelt, ist nicht mehr tragbar. Große medizinische Zentren mit Tausenden von Beschäftigten und einem von Jahr zu Jahr wachsenden Millionenaufwand müssen mit den Methoden modernen Managements wie ein Unternehmen geleitet werden.

Die einseitige statt vielseitige Betrachtung eines komplexen und nicht simplen Gegenstandes ist ursächlich für Fehldeutungen. Symptome werden mit Ursachen verwechselt, das Problem der Krankenhäuser als finanzielles Problem fixiert und damit das Faß ohne Boden geöffnet. Wenn der Überblick verlorengeht, die Linke nicht mehr weiß, was die Rechte tut, ist die Stunde der Parasiten gekommen, derer, die im trüben fischen. Die Zahl der Unzufriedenen wächst. Die einen wollen Reform, andere Tabula rasa und Revolution.

Unsere Gesellschaft ist krank. Sie weiß es nur nicht. Zu viele leben unangefochten in ihrer heilen Welt wachsenden Wohlstands. „Dem Bundesbürger, der jederzeit in die Lage eines todgeweihten Nierenkranken kommen kann, bleibt das erhebende Bewußtsein, in einem Staat zu leben, der 1,5 Milliarden DM für Olympische Spiele ausgibt, aber nicht imstande ist, mit einer Behandlungsmethode, die sich seit zwanzig Jahren auf der ganzen Welt bewährt hat, im eigenen Lande Menschenleben zu retten", schrieb kürzlich eine Illustrierte.

So überraschend, wie die Bildungskatastrophe über uns hereingebrochen ist, so plötzlich wird der gesundheitliche Notstand der Öffentlichkeit vor Augen stehen, wenn die Dinge so weitertreiben. Bildung und Gesundheit haben mehr miteinander zu tun, als es nach den durch die öffentliche Ausgabenpolitik gesetzten Prioritäten den Anschein hat. Virchow schließt seinen Bericht über die Not im Spessart: „Bildung, Wohlstand und Freiheit sind die einzigen Garantien für die dauerhafte Gesundheit eines Volkes." Das war 1852.

Ein Volk, das seinen Wohlstand vervespert, taumelt von einem Notstand in den anderen und ist so auf dem besten Wege in die staatliche Zwangsanstalt, in der gesundheitliches Wohlverhalten verordnet wird. So notwendig heute ein politischer Wille ist, der sich gegenüber den divergierenden und um das Gemeinwohl unbekümmerten Interessen durchsetzt und die Lösung erzwingt, die für das Gesamtinteresse erforderlich ist, er wird nur erfolgreich sein, wenn er von der breiten Masse getragen wird. Der öffentlichen Bewußtseinsbildung, der Information, der gesundheitlichen Volksaufklärung, kommt daher große Bedeutung zu, auch für die Gesundheitserziehung. Die Strukturreform muß begleitet werden von einer Gesinnungsreform. Wenn wir jetzt in der Lage sind, mehr zu erfahren über Krankheiten und ihre Entstehung, über die Zusammenhänge von Genuß und Krankheit, von Krankheit und persönlicher Lebensführung, dann sind das Chancen, zumal für das gebrannte Kind. Mir scheint, „wo Gefahr ist, wächst das Rettende auch" (Hölderlin).

Albert Görres

Sinn und Unsinn der Krankheit
Hiob und Freud

Ein Bild des alten Sigmund Freud, der so viel über den Sinn der Krankheit nachgedacht hat, könnte uns wahrlich an Hiob erinnern. Zwar hat Freud nie auf dem Abfallhaufen gesessen, um seinen Aussatz mit Scherben zu kratzen. Auch fand Frau Professor Freud es nicht richtig, wie Frau Hiob ihrem Mann zu sagen: „Das hast du nun von deiner Rechtschaffenheit, fluche Gott und stirb!" Doch hinter der gefaßten Geduld dieser alten Augen verbirgt sich ungewöhnliche Leiderfahrung. Freud hat fast zwanzig Jahre lang ein Maß von körperlicher Qual erduldet, das nur wenigen Menschen zuteil wird. Gaumen und Oberkiefer wurden langsam von einer bösartigen Geschwulst zerstört, 23 Operationen mußten vorgenommen werden. Eine wegen der ständigen Narbenveränderung immer schmerzende Prothese, die den Mundrachenraum nach oben abschließen sollte, wurde zum Instrument täglicher Marter, das zudem das Sprechen aufs ärgste behinderte. Einer der großen Leidenden. So wie Freud dem Leben jeden objektiven Sinn absprach, so auch seiner Krankheit. Der einzige Kommentar, den sie ihm von Zeit zu Zeit abnötigte, war die Bemerkung: „Höchst überflüssig." Doch mag die Erfahrung dieses im eigenen Leibe sich unaufhaltsam ausbreitenden Todes seine Lehre vom Todestrieb als einem inneren Moment des Lebens befestigt haben. Den Kommentar „höchst überflüssig" hätte Freud für psychische Krankheiten von der Art der Neurosen nicht gelten lassen. Bei ihnen gibt es nach seiner Lehre einen „Sinn", sie sind nicht einfach überflüssig.
Freud hat die Frage nach dem Sinn und der Sinnlosigkeit psychischer Krankheit in den vier wichtigsten Zusammenhängen gestellt und beantwortet: Als naturphilosophische, als biologische, als psychologische und als metaphysisch-existentielle Frage. Frage und Antwort sind in seinem Werk so exemplarisch für unsere Zeit formuliert, daß wir gut tun, von ihm auszugehen. Ich beschränke mich vor allem auf die beiden letzten Fragen.

Das Wort Sinn hat bei Freud drei Bedeutungen: Symptome sind sinnvoll, wenn sie aus seelischen Ereignissen der Vergangenheit in einer verständlichen Weise hervorgehen. Sinnvoll heißt hier dasselbe wie „psychogen".
Symptome sind sinnvoll, wenn sie eine dechiffrierbare Bedeutung haben.
Symptome sind sinnvoll, wenn sie Produkte einer bewußten oder unbewußten Absicht sind, das heißt, wenn sie entstehen oder festgehalten werden um eines Wertes willen. Krankheit ist in diesem Sinne sinnvoll, soweit sie im einzelnen Leben oder im Gesamtentwurf der Welt zu etwas gut ist. Von diesem finalen Sinn soll im folgenden vor allem die Rede sein.
Was also ist der finale psychologische Sinn und Zweck der Krankheit? In der psychoanalytischen Theorie steht das Seelische in zwei Sinnzusammenhängen. Einmal dient Seelisches, Bewußtes und Unbewußtes, also Erkenntnis, Triebe und Gefühle, der Erhaltung von Individuum und Art. Der „psychische Apparat" ist ein Regelmechanismus zur Steuerung des Stoffwechselgleichgewichtes. Ein zweiter Sinn des Seelischen wird sichtbar in Freuds These: „Die Hauptabsicht des seelischen Apparates geht auf Lustgewinn." In diesem Satz sind einfache menschliche Erfahrungen zusammengefaßt. Der Mensch will nicht nur leben, sondern auch etwas vom Leben haben: Freude, Spaß, Spannung, Vergnügen, Sympathie und Anerkennung, Liebe, Glück und Erfüllung, kurz, alles was das Herz begehrt. In den Augenblicken und um der Augenblicke willen, zu denen er sagen kann: Verweile doch, empfindet der Mensch sein Dasein als sinnvoll, als lebenswert. Der Glückliche fragt nicht nach dem Sinn des Glücklichseins. Die Hauptabsicht des seelischen Apparates ist der Lustgewinn, genauer gesagt das Glück. Krankheit ist also sinnvoll, soweit sie in diese beiden Zusammenhänge in irgendeiner positiven Weise hineinpaßt, soweit sie die Lebensfähigkeit und die Lust / Unlust-Bilanz der Person verbessert oder zumindest als das geringere Übel ein größeres erspart. Krankheit wäre sinnvoll, wenn sie sich als List der Psyche zur Erhaltung des Lebens und eines Befriedigungsoptimums auch unter ungünstigen Bedingungen erwiese. In der Tat ist das eine Pointe von Freuds Theorie der seelischen Krankheiten, der Neurosen und psychogenen Psychosen. Die neurotischen Symptome sind Ergebnisse unbewußter Absichten. Im Dienste von Absichten aber sind sie Mittel, Instrumente zur Verbesserung der eigenen Gesamtsituation, Instrumente zur

Glücksvermehrung und Unheilsverminderung. So liegt der Sinn einer hysterischen Gedächtnisstörung in der Tendenz, sich demütigende, schmerzliche, beschämende Erinnerungen zu ersparen, unerträgliche Vorstellungen vom Bewußtsein abzuhalten und so als Mensch ohne Vergangenheit weniger unglücklich zu leben. Der Sinn der hysterischen Lähmung heißt: Besser nicht gehen können, als beständig der quälenden Versuchung zu verbotenen Wegen ausgesetzt sein. Der neurotische Schmerz sagt: Besser in Schmerzen die Würde des Büßers und Martyrers gewinnen als die schmerzbefreite Aufmerksamkeit der Gefahr verbotener, ja perverser Phantasien überliefern. Selbst die neurotische Depression, dieser Abgrund des Unglücks, fügt sich solcher Deutung. Sie sagt: Besser die unheimliche Kraft der Aggression gegen sich selbst wenden, als an anderen zum virtuellen Mörder, Quäler und Sadisten werden. Besser sich selbst strafen und dadurch gerechtfertigt sein, als die Rache des Himmels abwarten. Der aggressive Impuls wird im Symptom in einem Atem in rätselhafter Weise sowohl befriedigt und „an den Mann gebracht" als auch **abgewehrt**, abgelenkt und gesühnt.

In solchen vereinfachenden Kurzformeln wird noch ein weiterer Vorteil sichtbar, den die Krankheit bietet. Sie erlaubt, wirklich oder vermeintlich unerlaubte Tendenzen so gut getarnt zu befriedigen, daß Selbstachtung möglich bleibt und das Gewissen beruhigt ist. Man steht fest im Guten, ohne die Vergnüglichkeit des Bösen ganz entbehren zu müssen.

Freud hat entdeckt, daß der neurotisch Kranke dem Arzt, der Therapie und seiner Heilung einen unbewußten inneren Widerstand entgegensetzt, als wolle er um jeden Preis an seiner Krankheit festhalten. Der Kranke scheint also von seiner Krankheit etwas zu haben. Freud sprach vom inneren und äußeren Krankheitsgewinn, von der Flucht in die Krankheit und von der Ersatzbefriedigung durch die Neurose. Der äußere Krankheitsgewinn ist oft deutlich genug: In der Rentenneurose hält der Kranke an Symptomen fest, deren Fortbestand ihm ein arbeitsloses Einkommen sichert. Die Kriegsneurose schützt den Soldaten vor dem Fronteinsatz und rettet ihm vielleicht das Leben. Die Schulphobie erhält dem Kinde das Spielparadies, schützt vor strengen Lehrern und schlimmen Kameraden.

Wichtiger ist für Freud der innere Krankheitsgewinn. Freud sieht in neurotischen Symptomen die Auswirkung und den chiffrierten Ausdruck, die Symbolisierung von Wunschphantasien und deren Erfüllung.

Der Sinn des Symptoms ist es, unter ungünstigen Lebensbedingungen noch ein mögliches Existenzoptimum an Lust und Glück herauszuschlagen. Neurotisches Elend ist oder erscheint dem Kranken immer noch lustvoller und befriedigender als das normale Unglück, die normale Versagung, die er ohne Neurose ertragen müßte. Freud räumt sogar ein, daß er in manchen Fällen die Neurose als die optimale Lösung der Lebensprobleme unter ungünstigen Bedingungen anerkennen mußte. Im einfachen Schulbeispiel der Hysterie liegen die Dinge häufig so, daß die schlichte Erfüllung erotisch sexueller Wünsche unmöglich ist, weil mit Reaktionen der Angst, des Ekels, der Scham und des schlechten Gewissens belastet. Auf der anderen Seite ist auch der nur zeitweise Verzicht auf sexuell-erotische Erfahrung ebenso unmöglich, weil für die hysterische Persönlichkeit Verzicht überhaupt und erotischer Verzicht im besonderen eine vernichtende Qual bedeutet. Wo in solcher Weise Erfüllung ebenso panisch gefürchtet wird wie Nicht-Erfüllung, da ist die neurotische Krankheit eine höchst sinnvolle Zwischenlösung, die das Leben vor Verzweiflung und Angstüberschwemmung schützt, weil sie ermöglicht, an Sexualität oder Aggression teilzuhaben, ohne von deren Abgründigkeit verschlungen zu werden, ohne aber auch auf ihren Reiz verzichten zu müssen.

Die Psychosomatische Medizin hat nun die Frage, ob Symptome sinnvolle Formen der Glücks- und Lustsuche und der Leidvermeidung unter ungünstigen Lebensbedingungen sein könnten, von der Neurose auf die Krankheit überhaupt übertragen. Krankheiten werden dann gedeutet als List der psychischen Natur, in der unbewußte Ziele verwirklicht, ungelebtes Leben verleiblicht, unerkannte Konflikte ausgetragen werden. Man „hat" seine Krankheit nicht, sondern man „macht" sie und dies aus mehr oder weniger guten Gründen und zu wohl umschreibbaren Zwecken. Der Kranke selbst ist nicht nur der Leider, sondern auch der Täter, der geheime Hersteller seiner Krankheit.

Ein weiterer Ursprung der Psychosomatischen Medizin liegt in der Beobachtung, daß leibliche Krankheit auffällig oft wie gerufen kommt. Eine Patientin von Paul Vogel und Viktor von Weizsäcker, die, von ihrem Freund und den eigenen erotischen Wünschen heftig bedrängt, in der Bedrängnis eine hochfieberhafte Angina tonsillaris ausbrütete, rief bei der Untersuchung tief erleichtert aus: „Besser eine Angina als ein Kind." Durch diese Bemerkung auf die Spur gebracht, meinten Vogel und Weizsäcker, bei auffallend vielen Fällen von Angina eine Situation der erotischen Ablösung beobachten zu können. Andere stellten mit statistischen Untersuchungen fest, daß tuberkulöse Frühinfiltrate besonders häufig bei unentschlossenen Verlobten kurz vor der endlich festgesetzten Hochzeit und bei Ordensleuten vor den Gelübden aufträten. (Für die Korrektheit des statistischen Verfahrens mag ich mich nicht verbürgen.) Viele psychosomatische Krankheiten mögen kleine Verweigerungen vor einzelnen Forderungen des Lebens sein und manche mögen das ausdrücken, was Herbert Marcuse die „große Verweigerung" nennt, nämlich einen Protest gegen die Welt, gegen die Anforderungen und Zumutungen der Gesellschaft, der Familie, des Berufes. Die Kranken treten in einen psychosomatischen Generalstreik gegen das Leben, seine Bedingungen, seine Determinanten und sein Unrecht.

Freud selbst stand der Psychosomatischen Medizin recht reserviert gegenüber. Gewiß hätte er sich geweigert, seinen eigenen Gaumenkrebs als Ergebnis unbewußter Tendenzen zu deuten. In der Stellungnahme „höchst überflüssig" kennzeichnet er seine eigene Krankheit als ein exquisit sinnloses Gebilde. Seine Haltung geduldigen Ertragens zeigt uns aber einen wichtigen Zusammenhang: Viele Kranke bewältigen äußerstes und Jahrzehnte währendes Krankheitsleid, ohne ihm irgendeinen Sinn abgewinnen zu können, doch. Sie leiden unter Protest gegen das sinnlose Leid, ohne zu verzweifeln. Vielleicht ist im Bewußtsein einer unbezwungenen trotzigen Kraft, Würde und Haltung eine eigentümliche, bittere Genugtuung und Selbstbestätigung zu finden. Auch der Stolz des Stoikers ist ein Glücksinstrument.

Anders steht es mit jener anderen Form des Stoischen, die nicht stolze Selbstbehauptung vor der Bodenlosigkeit des Sinnlosen, sondern eine philosophische Frömmigkeit ist. Für den Stoiker von der Art des Marc Aurel oder des englischen Dichters Charles Morgan genügt es, Natur, Welt und Geschichte im Ganzen als göttliche Ordnung zu sehen, in der es keine Bereiche der Sinnlosigkeit geben kann. Dann ist seine Antwort jene Zustimmung zur gesamten Wirklichkeit, die Charles Morgan „acceptance" und Marc Aurel „amor fati" nennt. Fatum aber ist für den Römer nicht blinder Zufall. Das Wort fatum kommt von fari, es heißt: das Gesprochene, der mir geltende Spruch und Anspruch, das mir gesagte Wort, dessen Sinnhaftigkeit ich auch dann bejahen und lieben kann, wenn sie von mir nicht durchschaut wird. Der alte Stoiker sah im Leid und in der Krankheit notwendige Mächte, die allein den Menschen zu dem zu bringen vermögen, was

seine Bestimmung ist: ein Wesen gottähnlicher Freiheit. Unabhängigkeit, Weltüberlegenheit und Würde. Auch heute gibt es viele kranke Menschen, die zwar nicht erpicht sind auf gottähnliche Freiheit und Unabhängigkeit, wohl aber fromme Jünger des Marc Aurel, ohne es zu wissen, in einem amor fati, der die Wirklichkeit im ganzen als ein letztlich sinnvolles Gefüge annimmt, wie sie kommt. Oft formulieren einfache Leute ein solches Sinnverständnis der Krankheit in dem ebenso einfältigen wie weisen Satz: Es wird schon zu etwas gut sein. Ein eindrucksvolles Zeugnis solcher Haltung auf einem sublimen Niveau findet sich bei Rilke, der in einem Brief an die Gräfin Sizzo schreibt: „Wer nicht der Fürchterlichkeit des Lebens irgendwann, mit einem endgültigen Entschlusse, zustimmt, ja ihr zujubelt, der nimmt die unsäglichen Vollmächte unseres Daseins nie in Besitz, der geht am Rande hin, der wird, wenn einmal die Entscheidung fällt, weder ein Lebendiger noch ein Toter gewesen sein."
Wie aber kann der Mensch der Fürchterlichkeit des Lebens zustimmen, wenn er nicht irgendwie den Sinn, das Recht oder die Notwendigkeit des Fürchterlichen ahnt?
Die negative Einstellung, der Krankheit als höchst überflüssig erscheint, ist die ursprünglichste und nächstliegende. Krankheit paßt nicht in das natürliche Lebensprogramm des Menschen. Die Medizin betrachtet sie als einen Feind, den es energisch zu bekämpfen und möglichst ganz und gar abzuschaffen gilt. Sie tut das mit Recht. Kein Mensch wird darüber trauern, daß wir Pest und Cholera einschränken können. Auch haben viele Krankheiten einen widerwärtigen Sinn, nämlich nicht für den Kranken, sondern für den Krankheitsproduzenten. Der Tollwuterreger mag es höchst sinnvoll finden, daß tollwütige Tiere und Menschen im Gegensatz zu ihrem Normalverhalten jedes andere Lebewesen mit Zähnen und Klauen angreifen. Es zeigt, daß der Tollwutbazillus im Kampf ums Dasein gelernt hat, das Gefühlsleben und Verhalten der ihm verfallenen Organismen in seinen Dienst umzufunktionieren und so für die Erweiterung seines Lebensraumes zu sorgen. Die Krankheit von Mensch und Tier ist zu einem Teil die Lebensbedingung des Tollwuterregers wie aller Infektionserreger und für ihre Zwecke ebenso sinnvoll wie der Tod des Lammes für den Wolf, der es frißt, und die Schlachthöfe für unser Mittagessen. Auch Freuds Krankheit war schließlich nur der Ausdruck eines rücksichtslosen Lebensdranges von Karzinomzellen, die ihren Gastgeber ebenso überflüssig fanden wie er sie. Krankheit ist also zunächst

genauso sinnvoll oder unsinnig, wie eine ganze Natur, in der es einen Kampf ums Dasein, ein rücksichtsloses Sich-Durchsetzen der Dinge und Kräfte gibt, das alle Formen der Störung und Zerstörung der jeweils entgegenstehenden mit sich bringt. Krankheit ist notwendige Folge einer fürchterlichen Natur, in der es nicht nur ein paradiesisches und biologisches Prinzip der Ordnung, der Harmonie und der gegenseitigen Hilfe, sondern auch ein Prinzip der Unordnung, des Unfriedens, des Hasses und der Zerstörung gibt; nicht nur einen Lebens-, sondern auch einen Todestrieb.

Man kann in Krankheit einen Ausdruck der brodelnden Absurdität des Daseins erblicken. Man kann in ihr mit Carl Gustav Jung das Antlitz einer in sich selbst zerrissenen Gottheit sehen, die, weil sie alle Seinsqualitäten umschließt, zugleich unendlich gut wie unendlich böse sein muß. Wer an dieses furchtbare Gottesmonstrum glauben kann, der mag es so verehren, wie die Babylonier ihren schauerlichen Baal verehrt haben. Dann gibt es Krankheit, weil die Gottheit leider, aber unvermeidlich nun einmal einen miserablen oder zumindest durchwachsenen Charakter hat, da sie gut und böse zugleich ist.

Die erste Reaktion des Kranken — „höchst überflüssig" — ist und bleibt oft die einzige. Wer nie einen Grund sah, nach dem Sinn seines Daseins zu fragen, kann zwar von der Krankheit auf diese Frage gestoßen werden, aber auch dann muß er sie nicht an sich heranlassen. Krankheit drängt dazu, sie zwingt nicht. Man kann sich immer damit begnügen, Krankheit als Lebensspanne zu verstehen, die so rasch wie möglich repariert werden sollte. Die Betroffenheit im Kern kann verdrängt werden. Wir sind imstande, nicht nur nach einer Grippe, sondern auch nach schwerer und leidvoller Krankheit als dieselben metaphysischen Playboys aufzustehen, als die wir uns hingelegt haben. Wir werden durch Krankheit dringlich eingeladen, Selbstentfremdung und Daseinsverfehlung zu überwinden, aber wir werden keiner Gehirnwäsche unterzogen. Allerdings gibt es ein Sinnverständnis und eine Umstimmung in ihm, die der Kranke weder sich selbst noch dem Arzt oder Priester oder den Meinungsforschern gegenüber in Worte bringen kann. Ludwig Wittgenstein macht es uns wohl gleichzeitig zu leicht und zu schwer, wenn er uns rät, den Sinn des Lebens zu erfahren, ohne nach ihm zu fragen oder über ihn nachzudenken. Jedoch mag er darin recht haben, daß ausdrücklich reflektierendes „Nachdenken" weder jedermanns Sache noch, im üblichen Sinn verstanden, jedermanns Aufgabe ist. Auch für rationales, aber nicht nur für solches Nachdenken ist Krankheit ein Argument.

An dieser Stelle wird es Zeit, vom christlichen Sinnverständnis der Krankheit zu reden. Da es nicht für die Theologen erfunden wurde, sondern zunächst den Kranken, dann den Arzt, schließlich uns alle angeht und darum eine schlichte, einfältige Sache sein muß, kann es hier auch von einem Arzt besprochen werden. Überdies: Wo Psychotherapie nicht mehr der Versuch ist, den Zutritt des Menschen zu ihm verschlossenenen, aber grundsätzlich zugänglichen Sinnbereichen zu finden, degeneriert sie zur Gesundheitsdressur. Darum bleibt der Psychotherapeut bei seinem Leisten, wenn er sich nach Sinngefügen umsieht, die ihm die Einzelwissenschaft nicht anbieten kann. Nun zur Sache: Zunächst erstaunt uns, daß in einer Religion, die sich so sehr als Analogon der Medizin versteht wie das Christentum, so relativ wenig vom Sinn der Krankheit die Rede ist. Die Bibel nennt Jahve den Arzt seines Volkes, Jesus Christus versteht sich selbst als Arzt und er heilt Kranke. Die Väter sprechen von der gratia sanans und der gratia medicinalis. Das Brot des Abendmahles nennen sie das pharmakon athanasias, Arznei zur Unsterblichkeit. Augustin nennt das menschliche Leben haec longa aegritudo.

Was aber der Sinn von Krankheit, Leid und Schmerz sei, davon redet Jesus Christus selbst kaum. Die gängige Theologie seiner Zeit, die Krankheit als Strafe für persönliche Schuld deutete, weist er ab. Ebenso hatte Jahve schon im Buche Hiob dessen Freunde Flachköpfe gescholten, die als theologische Dilettanten gängiges Gerede mit heiliger Überlieferung schwatzhaft vermischt und verwechselt hatten.

Das, was man die überlieferte Theorie des Sinnes der Krankheit nennen könnte, zu dem die neuere Theologie wohl noch nichts entscheidend Neues zu ergänzen hat, läßt sich etwa so zusammenfassen: Weltgeschichte ist nicht nur Geschichte der Natur. Sie ist als Geschichte von Personen Freiheitsgeschichte. In dieser Freiheitsgeschichte hat es zwei Katastrophen gegeben, in denen die ursprüngliche Friedensordnung des Kosmos gesprengt und zerrissen wurde, eine vorweltliche, jedenfalls vormenschliche: den „Fall der Engel"; eine zweite, urgeschichtliche: den „Fall des Menschen". Beide Katastrophen haben nach dem Zeugnis der Schrift nicht nur die sich gegen den Schöpfer entscheidenden Personen verwandelt — Engel in Dämonen, den integren Menschen des Urzustandes in den gefallenen Menschen —, sondern auch seine Natur und die Natur im ganzen. Ob es nun Krankheit, Schmerz und andere Übel schon infolge der ersten oder erst aufgrund oder im Hinblick auf die zweite Katastrophe gibt, wissen wir nicht. Jedenfalls steht fest, daß Krankheit und Tod in der Tierwelt schon vor dem Auftreten des Menschen zur Natur gehörten. Skelettfunde aus Zeiten lange vor der Existenz des Menschen zeigen klare Krankheitszeichen. Doch sind Tod, Krankheit und Schmerz beim Tier, wenn wir auf Anthropomorphismen verzichten, für uns so undurchschaubare Erscheinungen, daß wir uns fragen müssen, ob sie als „Übel" im eigentlichen Sinn bezeichnet werden dürfen. Daß das Tier Schmerz empfindet, können wir mit Analogieschlüssen der Ausdrucksbeobachtung entnehmen. Daß es „fühlt wie du den Schmerz", wissen wir keineswegs. Tierisches Bewußtsein ist anders; und auch in der menschlichen Erfahrung findet sich leidfreier Schmerz. In Tod, Krankheit und Leid des Menschen sieht die Offenbarung Folge und Strafe von Schuld. Nicht als sei die Krankheit des einzelnen einfach die präzise Quittung seiner persönlichen Sünden. Vielmehr sind Tod, Krankheit und Schmerz, „durch die Sünde in die Welt gekommen", nicht als Symptom göttlicher Rachsucht, sondern als Zeichen jener unendlichen Festigkeit, in der ein Heiliger Gott, der seiner nicht spotten läßt, die Bosheit und den Ungehorsam verwirft. Die frohe Botschaft ist nicht so froh, wie wir sie uns wünschten. Wunschphantasien gerade des gläubigen Kranken spielen mit dem Gedanken, ob nicht eine großzügigere, perfektere Erlösung möglich gewesen wäre, die sofort nach der Schuld den Menschen gnadenhaft rückverwandelt, ihm verziehen und verdiente Strafen gänzlich erlassen hätte, so daß uns das ganze Elend der irdischen Geschichte in Blut und Tränen erspart worden wäre. Ein Gott, der auf blutiger Sühne nach wie vor Golgotha besteht, scheint uns kleinlich und geizig. Er packt aus, würgt uns und spricht schließlich doch: Bezahle, was du schuldig bist. Wenn wir schon nicht die ganze Suppe auslöffeln müssen, die wir uns eingebrockt haben, dann doch eine oft genug gewaltige und allzu bittere Portion. Viele Leidende denken frank und frei, was noch mehr fühlen: Wenn ich der liebe Gott wäre, hätte ich die Menschen nicht so entsetzlich geschunden und „fertig gemacht", wie es auch nach der vollkommenen Sühne Jesu Christi täglich geschieht. Zudem empfinden wir meist die auferlegte Buße als so außer jedem Verhältnis zu dem Maß unserer Schuld, daß wir uns keineswegs als Begnadigte, sondern im Gegenteil als allzu streng Verurteilte vorkommen. In diesem Zusam-

menhang enthält das Leid der Welt die Information, daß der Herr der Welt darüber anders denkt als wir, also eine Information über uns selbst und unser falsches Bewußtsein. Sie ist nicht erfreulich.
Dieser Sinn der Krankheit, ihre Notwendigkeit und Richtigkeit als Sühne, geht in der Regel über unseren Horizont. Er ist der Einsicht nicht mehr zugänglich. Die Anerkennung dieses Sachverhaltes ist nur möglich, wenn wir dem einzigen Kenner des Menschen sein Wissen glaubend abnehmen oder wenn wir von seinem Geist eine Erleuchtung erfahren, die uns bis in unser Gefühl hinein an seiner Einsicht teilhaben läßt. Gerade das Letzte pflegt aber nur in der Leidenserfahrung aus der intellektuellen Sphäre in die reelle Herzensanerkennung einzudringen. Nur der Pfahl im Fleische bringt uns zur raison du cœur. Für den Christen ist die Natur weder reine, sinnlose Faktizität noch eine Materialisation eines in Natur wabernden Göttlichen, sondern: Schöpfung. Der Begriff ist hier natürlich nicht polemisch gemeint, etwa in Absetzung von Entwicklung, sondern will nur sagen, daß alles endliche Seiende den letzten Grund seiner Entwicklung in einer Setzung durch das unendliche Sein hat. So ist uns die gesammelte Anstrengung eines Mutes abverlangt, gegen allen Augenschein den Unfrieden, das Leid und alle Übel der Welterfahrung, einschließlich so lächerlicher Übel wie Wanzen, Heuschnupfen und Warten an verspäteten Straßenbahnen, als letztlich sinnvolle Anordnungen und Zulassungen der reinen Güte und der vollkommenen Macht zu verstehen, wenn anders wir nicht an jenem mit Recht so verstorbenen „lieben Gott" festhalten wollen, der ratlos die Hände über der Bescherung zusammenschlägt, die er angerichtet hat, und ohnmächtig die Überschwemmung seines Werkes durch Flutwellen des Sinnwidrigen erdulden muß. Der Mut des Vertrauens, um das uns Gott in dieser Sache bittet, scheint ihm so wichtig zu sein für das Gelingen unseres Menschseins, daß er ihn uns intellektuell nicht eben sehr erleichtert. Die Offenbarung belehrt uns über vieles, aber sie gibt uns auf die Frage nach dem Sinn des Bösen, des Übels und der Krankheit keine Aufklärung, die unser Wissenwollen voll befriedigt. Sie sagt uns nur, daß dieses alles kein Unsinn sein kann, aber sie enthüllt uns den Sinn nicht; womit diesem Aufsatz eine im Grunde unlösbare Aufgabe gestellt ist. In dem Prozeß, den Hiob gegen Jahve führen darf, sagt Hiob dem Jahve alle Gottesschande ins Gesicht. Jahve ist sich nicht zu gut für eine Verteidigungsrede, aber sein Argument ist nicht die Aufklärung über das Übel, sondern die Aufklärung über sich selbst. Meine Weis-

heit und Kraft ist deinem Geist und deiner Vernunft so deutlich erwiesen, daß ich von dir vernünftigerweise einen Vorschuß an Vertrauen auch da erwarten kann, wo dir Einzelheiten des Sinnes meiner Verfügungen noch verhüllt bleiben. Du sollst mir nicht nur im Lichte meiner Anwesenheit, sondern auch im Dunkel meiner Verborgenheit, die keine Abwesenheit ist, folgen.

Es ist nützlich, die christliche Lehre vom Sinn der Krankheit auch im Vergleich mit der Lehre Freuds zu betrachten, weil die Psychoanalyse selbst eine recht zutreffende Erläuterung einiger Grundbegriffe des Neuen Testaments darstellt: Sie entfaltet empirisch einmal den Johanneischen Satz: „Alles, was in der Welt ist, ist Augenlust, Fleischeslust und Hoffart des Lebens." Weiter ist die Psychoanalyse ein einziger großer Kommentar zu einer der wesentlichen Bedeutungen des biblischen Begriffes „sarx", Fleisch. Wenn Freud sagt: Die Hauptabsicht des seelischen Apparates geht auf Lustgewinn, dann würden ihm die biblischen Schriftsteller nur in dem Maß widersprechen, in dem Freud selbst diese seine Aussage ergänzt und korrigiert. Dieses Naturgesetz Freuds ist grosso modo dem „Gesetz des Fleisches" recht ähnlich, das Paulus formuliert. Es beschreibt, wie der Mensch faktisch von sich aus und auf sich hin um das Zentrum seiner selbst existiert. Dieses Gesetz ist gleichsam das Newtonsche Fallgesetz der Physik des menschlichen Herzens. Nun ist ja ein oder das Grundwort des Evangeliums das Wort Metanoia, Umkehr, Umsinnen, Bekehrung. Die Bekehrung, die das Evangelium verlangt und ermöglicht, besteht darin, daß die Hauptabsicht des seelischen Apparates nicht mehr der Lustgewinn sei, sondern die Sache Gottes, die Ehre, der Wille, der Dienst, die Liebe Gottes und des Nächsten oder wie man dieses neue zentrale Motiv umschreiben will.

Nun kommt ein simpler anthropologischer Sachverhalt ins Spiel. Der Mensch kann über sich selbst nicht in einem Akt so total verfügen, daß er durch diesen Akt schon ganz und gar ist, was er sein möchte. Er kann nicht sagen: Ab heute beschließe ich ein radikal Bekehrter zu sein, obwohl er das auch immer tun soll. Er kann die Hauptabsicht des seelischen Apparates nicht wie mit einem Hebeldruck umfunktionieren. Und doch muß er eines Tages, wenn schon nicht ein total, so doch ein radikal Bekehrter werden. Der Lust- und Glücksgewinn darf und soll auch dann durchaus eine Absicht des seelischen Apparates bleiben, aber eben nicht die herrschende Hauptabsicht. Diese Änderung des seelischen Apparates, die Losreißung von der Herrschaft des

Lustprinzips ist nun, wie der Mensch gebaut ist oder sich verbaut hat, notwendig und immer eine das Herz im Leibe herumdrehende Operation, ein herzzerreißender Vorgang — jenseits des Lustprinzips. Denn er vollzieht sich mit Hilfe und am Material des Schmerzes, der Versagung, des Scheiterns, des Verzichts, des erlittenen Übels und Unrechts, letztlich im Annehmen des Todes und jener täglichen Todeserfahrung in kleinen Dosen, die in der Sprache des Neuen Testaments Abtötung heißt. Freud hat für ähnliche Vorgänge den Ausdruck „Trauerarbeit" geprägt. Bekehrung ist Trauerarbeit.

Der gesunde Mensch hat so etwas wie Geschmack am Leben, goût de vivre. Er stützt sich, wenn er sein Dasein annimmt, auf Bedingungen. Es schmeckt ihm, solange er guten Schlaf, gesundes Wohlbefinden, einiges Geld, Anerkennung und Liebe als Bedingung seiner Dankbarkeit und Annahme vorfindet. Er stützt sich auf das Bewußtsein, für die anderen wichtig zu sein, etwas zu leisten als nützliches Glied der Gesellschaft. Er stimmt dem Dasein zu, solange er etwas vom Leben hat. Die Bekehrung besteht aber in einer bedingungslosen Annahme des verfügten Daseins. Sie verlangt ein unbedingtes Einverständnis mit dem Lenker aller Dinge, der alles, was ist, gibt und zuweist. Zu einer solchen bedingungslosen Zustimmung zum Gegebenen kommt der Mensch aber nur, soweit er der stützenden Bedingungen beraubt ist. Erst der Hiob der Armut und Krankheit, der Einsamkeit und der gesellschaftlichen Nutzlosigkeit ist jener Zeuge Jahves, der seinem Herrn „um nichts", d. h. unbedingt dient. Krankheit ist eine Form jenes Druckes, ohne den kein Mensch der radikalen Wandlung fähig wäre, die ihn läutern muß wie Feuer das Gold, bevor er fähig ist, Gott von Angesicht zu Angesicht zu schauen.

Das Buch Hiob beginnt sehr psychoanalytisch mit einer Motivanalyse des Gerechten. Satan analysiert den Menschen. Während Jahve dem Hiob ein Zeugnis ausstellt, wie es die Bibel von wenigen gelten läßt — „Hiob ist recht und grade, Gott fürchtend und fern dem Bösen, keinen gibt es auf Erden gleich ihm" —, stellt Satan die Frage nach der Lauterkeit des Motivs. Hiob wird verdächtigt, am Gottesdienst allzu gut zu verdienen. Laß seine Tugend sich weniger gut auszahlen, und vorbei wird es mit ihr sein. Hiob wird der Vorwurf einer höchst einträglichen Spesenfrömmigkeit gemacht.

„Satan erwiderte Jahve und sprach: Ist es um Nichts, daß Hiob Gott fürchtet? Umhegst du nicht ihn und sein Haus und alles, was sein ist, rundum? Segnest das Werk seiner Hände du nicht? Breitet nicht weit

sich ins Land sein Besitz? Aber — streck aus deine Hand, rühre an alles, was sein, ob dann er dir nicht ins Angesicht flucht?"
Jahve läßt die Frage zu. Er erwartet, daß Hiob ihm um nichts, für nichts und wieder nichts diene, es sei denn um Seiner selbst willen. Die Prüfung, die dies erweisen soll, ist nicht eine grausame archaische Form des psychologischen Tests. Der göttliche Diagnostiker, vor dem jedes Menschenherz offen liegt, bedarf solcher Mittel nicht. Die Prüfung bringt vielmehr selbst das erst hervor, was sie prüft.
Krankheit macht Wahrheit offenbar. Sie ist eines jener Signale der Wirklichkeit, die uns drängen, unsere spontanen und naiven Hypothesen des Daseinsverständnisses zu korrigieren. Sie widerlegt zwingend jene schier angeborene egozentrische Lebenstheorie des Menschen, in der der sagt: Gott und Welt sind dazu da, mir zu gefallen und ich bin dazu da, sie zu genießen. Meine Hauptaufgabe und Berufung ist, mir Welt genießbar und genüßlich zu bereiten (c'est mon métier). Mein Beruf und Ziel ist es, ein kleiner Sonnenkönig meines Duodezfürstentums zu werden. Freud spricht spöttisch und weise von dem unbezwinglichen Bedürfnis des Menschen, sich selbst zu einem Prothesengott auf Zeit zu ernennen. Tod, Krankheit und alles Widerwärtige des Lebens können den, der noch auf Argumente hören und fühlen will, überzeugen, daß dieses naive Daseinsverständnis falsch sein muß. Sie sind jene energische Erweckung und Aufklärung, deren der Träumer Mensch bedarf, um die Stimme des Geistes vernehmen zu können, der allein uns über uns selbst und die Gesamtwirklichkeit aufzuklären vermag. „Das Glück lügt, das Unglück ist immer wahr", schreibt Boethius, der letzte Laie und Weltmann einer für Jahrhunderte dem Klerus anheimgegebenen Philosophie und Theologie, und er schreibt es nicht in der Krankenstube, aber in der Todeszelle des Gefängnisses. Krankheit wie jedes Unglück decouvriert uns vor uns selbst. Viele Christen merken erst in solchen Grenzsituationen, daß sie sich ein Christentum ohne Kreuz konstruiert hatten, einen privaten Sonderbund mit einer Gottheit, der sie ihre Bedingungen der Anerkennung und des Dienstes diktieren wollten. Lange Krankheit drängt wie jede schwere Lebenslast zu einer Existenzanalyse, in der das Krankenbett jeder psychoanalytischen Couch überlegen ist, weil diese Analyse nicht auf vorläufige und vorletzte Gründe von Fehlhaltungen, sondern auf den tiefsten Grund des falschen menschlichen Bewußtseins führt. Tod, Krankheit und Leid erzwingen kein richtiges Bewußtsein, denn der Mensch ist in seiner innersten Freiheit unbezwinglich. Nichts

kann ihn hindern, mit dem Kopf durch die Wand zu wollen, wenn seine Rechthaberei dazu entschlossen ist. Wohl aber bieten Tod, Krankheit und Unglück mit dringender Nötigung die Chance und die innere Möglichkeit an, falsches Bewußtsein in Verstehen und Einverständnis mit dem Sinn der Welt zu verwandeln. Einverständnis mit der Tatsache, daß wir Verfügte sind, bevor wir über uns selbst verfügen können. Vertrauendes Einverständnis aus Einsicht und Glauben, daß der letztlich über uns Verfügende mit uns keinen sinnlosen Unfug treiben kann. Einverständnis mit dem Unabänderlichen im Krankheitsschicksal ist die großmütige Übergabe an die Unbegreiflichkeit des fremden verfügenden unendlichen Willens.

Christentum ist und bleibt auch heute eine autoritäre Religion. Sie besteht darauf, daß der Autor des Weltdramas das Recht auf seinen Text behalte und das letzte Wort habe, auch wo wir ihm nicht ins Konzept schauen können.

Die christliche Lebensphilosophie kann kaum einfacher und genauer formuliert werden als in dem Satz des Ignatius von Loyola: Gott finden in allen Dingen. Wie jede Situation und jedes Gegebene, das tägliche Brot wie die inneren Wirklichkeiten der Gedanken und Impulse, die in jeder Sekunde die Seele bewegen, wie also schlechthin alle Dinge als Mitteilung des schenkenden, rufenden, führenden, helfenden, tröstenden und belebenden Gottes, des immer und in allem verborgen Anwesenden gesehen werden, so bringt auch Krankheit und jede einzelne Frustration jedes Tages mit sich den Gott unseres Todes, der das menschliche Leben durch Tränen, Schweiß und Blut hindurch in allen Dingen von seiner Selbstverfallenheit losschält. Auch dieser Gott will sich in allem, vorzüglich in der Krankheit finden lassen.

Die Evangelien berichten nichts von einer Krankheit Jesu Christi. Sie schildern ihn als Mann von kräftiger physischer Leistungsfähigkeit, die kräftig strapaziert wird, also als gesunden Menschen. Aber sie sagen, daß er sich so mit dem Kranken identifiziert habe, daß der kranke Mensch ein herausgehobener Ort der Anwesenheit und Auffindbarkeit des Gottes in der Welt und in der Gesellschaft wird. „Ich war krank, und ihr habt mich besucht. Ich war krank, und ihr habt mich nicht besucht." Auch eine Vorschrift des Talmud gebietet leises Verhalten im Krankenzimmer, nicht, um den Kranken zu schonen, sondern weil über dem Kranken die Schechina Jahves, der Glanz Gottes anwesend ist. Das Verhalten des Christen zum Kranken, seine Bereitschaft, dem Kranken nahe zu sein, ist eines der wesentlichen

Kriterien, nach denen er endgültig sein Urteil empfängt. Wo eine Christenheit nicht mehr den Geist hat, den nächsten Arbeitsgefährten ihres Herrn, die im Todesschatten wohnen, den Kranken, den Unterdrückten, Ausgebeuteten, den Beladenen nahe sein zu wollen und mit ihnen Solidarität zu üben, wo sie diese Menschen im Stich läßt, da läßt sie den im Stich, mit dessen Namen sie sich zu Unrecht schmückt. Der kranke Mitmensch ist eine hervorragende unter den uns angebotenen Chancen, eine selbstlose und geradezu übermenschliche Reife der Liebe zu lernen. Unter anderem darum schaffen wir ihn aus dem Hause, aber wir versäumen so uns selbst.

Weil Jesus Christus die Nachtseite des Daseins, dessen finstersten Todesschatten als sinnvollen und notwendigen Ort der Rettung nicht nur erduldet, sondern freiwillig aufgesucht hat, muß sein Nachfolger ihn bereitwillig begleiten, wenn er dazu gerufen wird. Die Nähe im Todesschatten ist Bewährung und Vertiefung der Freundschaft mit dem Retter und mit den zu Rettenden. Wo das Verständnis für den Sinn der Nacht durch ihre Annahme wächst, stellt sich nicht selten der Mut und Wille zu freiwilliger Nähe in dieser Nacht ein, über das Verfügte hinaus. Es gibt die Begierde, arm zu sein mit dem und den Armen, Schmerz, Trauer, Demütigung und Haß zu erleiden mit dem Mann der Schmerzen und seinen Leidensgenossen, weil Er das Mittel des Leidens und der Trauerarbeit als das hilfreichste und würdigste zum Heil der Welt gewählt hat. Es ist dem Christen nicht erlaubt, Krankheit so zu wählen, wie er Armut, Hunger des Fastens und die demütigende Abhängigkeit freiwilligen Gehorsams wählen darf. Aber es gibt Menschen, die sich aufgefordert fühlen, aus ähnlichen Gründen des überströmenden Sinnverständnisses auch Krankheit zu lieben, weil sie fühlen, so zur Entlastung der Schwächeren die Schulter am besten unter das Kreuz unserer Welt stemmen zu können, das gemeinsam getragen werden muß.

Auch für die Gesellschaft ist das Abschieben oder Annehmen und Verstehen der Krankheit und des Kranken ein Kriterium ihrer eigenen Gesundheit wie ihres Verfalls, das Kriterium des in ihr anwesenden Maßes an richtigem Bewußtsein für die Wirklichkeit. Ob sie Gerechtigkeit und Liebe, Sorgfalt, Arbeit und Geld ihren Kranken, vor allem ihren Unheilbaren, Behinderten und „Nutzlosen" zuwendet, oder ob sie den Kranken aus den Augen und aus dem Sinn verdrängt, um nur dem Starken Recht und Wohlstand zu gönnen, das entscheidet auch über ihren Rang und über ihre Zukunft.

H. Kramer

Indirekte Fragen in der Krankheit und die Forderungen des Patienten

Theologisch-anthropologische Antworten

Es wird wohl nicht als Schelte verstanden werden, sondern als Diagnose der Situation, wenn gesagt wird: Diese Zeit und diese Gesellschaft haben den Menschen vergessen. Nicht den Menschen, abstrakt genommen. Um ihn sorgt man sich. Bewußtseinsveränderung heißt das eine Schlagwort, Änderungen der Strukturen verlangt die andere Parole. Von den mächtigen Strömungen des öffentlichen Lebens bis hin zu den intimen Bemühungen einer neuen Pädagogik gelten diese beiden Zielsetzungen. Man ist beinahe gar nicht mehr verwundert, sie mit gleicher Vehemenz auch in der Theologie anzutreffen. Was im Raum abstrakter Spekulation, politischer Zielsetzungen und sozialpolitischer Projekte so wirkmächtig und als vordringlich erscheinen möchte, versinkt in seltsame Kraftlosigkeit, wenn der konkrete Mensch sich zu Wort meldet, das Individuum, die Person, welche ein unauswechselbares Gesicht hat und Forderungen erhebt aufgrund ihrer unvertauschbaren Lebensgeschichte und ihrer je einmaligen Erwartung an das Leben. Als ein solcher konkreter Mensch begegnet uns der Kranke. Er beunruhigt uns. Er bekümmert uns. Er erwartet etwas von uns. Und wir? — Wer ehrlich ist, weiß um die beinahe reflexhafte Fluchttendenz vor dem Kranken und dem, was er uns abverlangen könnte.

Auf diesen kranken Menschen hin soll in vier Schritten bedacht werden,

I. daß der Mensch ein Fragender ist,
II. daß der Kranke besondere Fragen und Forderungen erhebt,
III. daß der Kranke doppelt verborgene Fragen und Forderungen stellt,
IV. daß heilende Antworten gegeben werden können.

I. Der Mensch fragt

Es ist ein Grundbedürfnis des Menschen zu fragen. Denn er hat nicht von sich aus die Orientierung für die Welt, in der er leben soll. Fragenkönnen ist seine Auszeichnung in der Schöpfung. Die Frage ist der Beweis der Geistigkeit. Als Hochform erkannten die Griechen, die Lehrmeister des Abendlandes, schon das staunende Fragen, das staunende Wundern: das thaumazein. Es gilt als der philosophische Uraffekt. Darin wird Neues wahrgenommen und Weiteres erfragt. Damit, daß die frühen Philosophen von einem Affekt sprechen, der das Fragen in Gang bringt, deuten sie schon etwas an von den Hintergründen des fragenden Verhaltens. Das Tier erfährt nur Tatsachen. Die Tatsachen nur von seiner Welt, welche durch seine individuellen Bedürfnisse und die seiner Art umgrenzt ist. Der Feind, die Beute, die Nahrung, der Paarungspartner, die Nachkommenschaft werden fraglos erkannt, besser: bemerkt, und das Verhalten klinkt dem Wahrgenommenen entsprechend ein. Der Mensch hingegen hat nicht nur seine artspezifische oder auf ihn als Individuum beschränkte Welt. Alles, „was der Fall ist" (Wittgenstein), kann ihm zum Gegenüber werden. Dabei ist er in nichts gezwungen, Dinge und Bedeutungen nur als Tatsache zu nehmen. Hinter die Tatsachen fragt der wache Menschengeist zurück nach einem „Warum?". Und er fragt den Dingen voraus nach ihrem Ziel und Zweck in einem „Wozu?". Der Mensch befragt die Dinge „an sich" und ist mit der kleinsten Frage schon beim philosophischen Geschäft. Er befragt die Dinge auch „für mich" und steht mitten in seinen eigenen Lebensproblemen. Vor einer aufblühenden Blume oder einem Exekutionsfoto aus Vietnam melden sich dem, der nur den Schritt verhält, diese Fragen an: das Woher, Wozu, das An-Sich, das Für-Mich. Diese Fragen sind in einem Staunen eingebettet. Noch stumm, fängt man in ihnen an, die Welt aufzufächern in Bedeutungen, Hintergründe und Werte. Den Fragen wohnt eine Dynamik inne. Sie drängen in den Ausdruck, in die Formulierung, in das Wort.

1. Das direkte Fragen

Da der Mensch sich nicht alleine vorfindet, wendet er sich aus seinem Staunen, mit seinem Nichtwissen an den anderen. Die gängigste Frage ist die im Wort, im Satz. Genau umschriebenes Nichtwissen wird dem anderen zur Beantwortung vorgelegt. Das kann auch im ausdrücklichen Gestus geschehen, im fragenden Hinweis. Eine andere Weise des Fragens gibt es noch. Wie das fragende Wort oder eindeutige Zeichen an den Menschen gerichtet ist, so wendet sich das Experiment als Frage an die Dinge, die Natur selbst. So fragte Albert der Große, der Vater der modernen Naturforschung, nicht mehr die Menschen, ob die bunten Federn des Eisvogels wieder nachwüchsen, auch wenn der Vogel tot sei. Alle Menschen antworteten damals mit „Ja". Doch der Forscher befragt die Natur: er hängt sich das Federkleid des Vogels in seine Zelle. „Experimentum feci", sagte er. Als Antwort erhält er das Nein: die Federn wachsen nicht nach. Jedes technische Forschen, aber auch alles wissenschaftliche Forschen hat die Struktur eines aggressiven Experimentes, ist ein Befragen der Dinge selbst. Das Bemühen, ein Ding oder einen Sachverhalt zu begreifen — begreifen zuerst von der Hand gesagt, die das Ding, einen Stein etwa, erfahren will, dann auf den menschlichen Verstand übertragen, der zum Beispiel den Zusammenhang von Verwundung und Tod dieses Tieres durchschauen will —, dieses Bemühen, etwas zu begreifen, ist immer Frage. Es ist direkte Frage. Sie kommt aus dem Intellekt, der diszipliniert rationalen Oberschicht des Bewußtseins. Sie wurde zur Perfektion gebracht und kultiviert in unserer rationalisierten technischen Welt. Der wissenschaftliche und zivilisatorische Fortschritt beruht darauf, daß wir gefragt haben, um zu erkennen, zu haben, zu bewältigen und zu konstruieren. Von daher mag es kommen, daß wir andere Weisen des Fragens weniger beachtet haben.

2. Das indirekte Fragen

Mütter wissen es aus ihrer Erfahrung mit den Kindern, Ärzte haben es erfahren bei ihrem Umgang mit Sterbenden — und im Grunde wissen wir es alle —: schon bevor der Mensch in Worten fragen kann und auch wenn er der Sprache und der konventionellen Zeichen nicht mehr mächtig ist, fragt er. Das Kind, das noch nicht der Sprache mächtig ist, besitzt nicht ein klar umgrenztes Wissen. Noch weniger weiß es um sein Nichtwissen. Auch ist es noch weit vom philosophischen Staunen. Ein diffuses Leibgefühl meldet ihm sein Wohlbefinden, ein Unwohlsein oder ein Interesse. Und dieses signalisiert das Kind nach außen. Im Schreien etwa, in Quengeln, in Weinerlichkeit, in Erregungsgebärden, in einer Bewegungsexplosion, mit dem aufgerissenen Auge, in Erstarrung, in Apathie, im Lallen, Krabbeln, Greifen, Jauchzen. Das Kind signalisiert der Mutter, daß es ihre Nähe braucht, es weist fremde Gesichter ab, es reagiert auf Hell und Dunkel, verhält sich anders in einer gewohnten oder einer beunruhigenden Umgebung. Das Kind antwortet spezifisch — auch wenn seine Pflege die korrekteste ist — darauf, daß die Mutter innerlich beunruhigt ist oder verstört wurde. Es zeigt einen Willen zur Orientierung.

Ebenso fragt der Sterbenskranke, nicht mehr der Worte mächtig, mit dem Ausdruck seiner Augen, dem Wimpernschlag, der Spannung des Mundes, in seiner Körperhaltung. Er fragt, und wer Erfahrung und Einfühlung besitzt, versteht die Frage: ob er zu hoffen oder zu fürchten hat, ob er sich auf die Menschen, die um ihn sind, verlassen kann oder nicht.

Eltern und kluge Erzieher sehen den heranwachsenden Kindern Fragen ab, die sie in Worten nicht äußern können oder nicht äußern wollen. Der Gesamthabitus wird zur Frage, etwa: ob die Eltern nun endlich einmal gewillt sind, für die Kinder spürbar anzuerkennen, daß sie Kinder haben. Der aggressive Unterton in der Stimme fragt, wieviel der Vater an gewachsener Autorität dem Trotzkopf, der seine Kraft erprobt, entgegensetzen kann.

Indirektes Fragen ist möglich in allen nur denkbaren Lebensäußerungen, in Agieren und Reagieren, im gesamten Verhalten, im Tempo, im Tun und Unterlassen, im Leisten und Versagen. Wie das direkte Fragen initiiert und gesteuert ist aus dem Bewußtsein, steigt das indirekte Fragen aus dem Unbewußten auf ohne rationales Wissen und Können. Sogar neben ihm und gegen es. Nachdem bis heute so viele bahnbrechende, wenn auch manchmal schockierende Einsichten in die Realität und Wirkweise des Unbewußten gefunden und formuliert wurden, ist eine Apologie für das Unbewußte müßig. Doch auch Dinge, die wir wissen, können immer wieder übersehen werden. Auch bedarf es immer wieder der Bemühung und einer intellektuellen Redlichkeit, das Unbewußte als indirekt fragende Instanz im Menschen zu erkennen, die Fragen anzuerkennen und in ihrem Zielsinn zu verstehen.

3. Indirektes Fragen als Anforderung

Seit Freud uns in seiner „Psychopathologie des Alltagslebens" so eingängig beschrieb, wie das Unbewußte im Menschen wirkt und wie es sich äußert, haben wir vieles neu in den Blick bekommen, was der

Meister noch nicht sehen konnte und darum einseitig darstellte. Wenn die Hausfrau beim Reinemachen die kostbare Vase zerschlägt, die ihr der Gatte zur Hochzeit geschenkt hat, und wenn ihr dieses Mißgeschick gerade am fünften Jahrestag der Hochzeit passiert, dann sagen wir heute nicht mehr wie aus einer Schlüssellochposition „Aha" und sind befriedigt, weil wir eine Maske lüften können. Zwar ist der Unfall mit der Vase eine Demonstration. Sie bringt ans Licht des Bewußtseins, was bisher die Öffentlichkeit nicht gewußt hat, vielleicht auch der Gatte nicht, vielleicht sogar nicht einmal die Frau selber, die das Scherbengericht über die fünf Jahre anrichtete. Die Entdeckung hätte die Frau auch bei ihren Tagebuchnotizen machen können; vielleicht hatte sie die dort schon gemacht. Wachphantasien hätten ankündigen können, wie es um die Ehe stand. Der Traum hätte diagnostizieren können — er hat es wahrscheinlich auch schon gesagt —: wie steht es hier um Ich und Du? Die Scherben sind nicht nur ein Manifest für die junge Frau, sondern auch für den Gatten, der beim Nachhausekommen die Vase nicht mehr bei seinem Schreibtisch findet. Damit aber ist er gefragt. Er müßte nun sagen, was er zu der Situation meint. Er müßte eine Antwort geben, nicht nur auf die Ehejubiläumsscherben, sondern auf die Frage zu dieser Ehe, die in Frage gestellt ist. Vielleicht wendet sich die Frau wider Willen mit dieser Frage an ihren Gatten. Uns ist deutlich — und wer mit Menschen umgeht, kann die Beispiele beliebig mehren —, der Gatte ist angefragt, eingefordert, vielleicht angeklagt, vielleicht aber zur Hilfe gerufen. Dies soll nur ein Beispiel sein, ein banales, vielleicht zu einschichtiges, wie indirekt gefragt wird, darin aber sogleich angefragt und angefordert wird. Die Frage wird zur Forderung, auch zur Nachforderung.
Sollte man vielleicht einmal Revue passieren lassen, wie man im Bereich seines Wirkens indirekte Fragen als Anforderungen, nicht zu Auskunft, sondern zu Beistand und Hilfe erlebt? Um nicht zu intimes Anschauungsmaterial zu wählen: Was meinten eigentlich und im tiefsten die Studenten, die im katholischen Münster am Abend vor der Fronleichnamsprozession durch die geschmückten Straßen zogen und eine Prozession für ein rotes Vietnam veranstalteten? Daß zu den offiziellen Veranstaltern der Rat der katholischen Studentengemeinde mit ihren offiziellen Vertretern gehörte, läßt die Veranstaltung als Frage verstehen, als provokative Anfrage an die Gläubigen, die noch Fronleichnamsprozessionen halten können. Also eine religiöse Sinnfrage. Aber auch eine Bitte, und die in drängendster Form: „Wenn eure Art von

Frömmigkeit wirklich das Echte ist und wahrhaft zum Menschen gehört, dann zeigt uns doch auch, wie man das lebt, wie man das kann!"
Auf solche und ähnliche Weise wird heute auf allen Lebensgebieten indirekt gefragt und gefordert. In der Politik, in der Wirtschaft, auf den Hochschulen und Schulen, in Kunst und Literatur, in Staat und Kirche, in Ehe und Familie. Die Menschen fragen, fragen an, was recht ist, was dienlich ist, was für das Gelingen ihres personalen Lebens dienlich und unerläßlich ist. Vielleicht müssen viele unter uns die vergessene Kunst des Hinhörens auf das indirekte Fragen und Fordern wieder erlernen, auch dem kranken Menschen gegenüber.

II. Fragen und Forderungen des kranken Menschen

Der kranke Mensch unterscheidet sich in wesentlichen Stücken vom aktiven, leistungsstarken Gesunden. Sein äußerer Lebensrahmen ist notwendig anders, da er durch seine Krankheit herausgenommen wird aus der Phalanx der Schaffenden und Produzierenden. Dazu noch ist er, infolge der Krankheit, auf die Hilfe anderer angewiesen. Damit aber ist sein seelischer Erlebnishorizont wesentlich verändert. Indem der Kranke nun wieder mehr Zeit hat, die permanent auf ihn eindringenden Anreize zur Leistung abgeschirmt werden und er der Versorgung durch andere Menschen bedarf, nähert er sich wieder dem Stadium des Kindes. Der Augenschein schon erweist dies bei den Krankenhauspatienten. Diese Aussagen sind keineswegs als Wertungen oder gar Abwertungen gemeint. Sie sind eine Erhebung des Tatbestandes und damit gleichzeitig auch eine Erklärung, warum im kranken Menschen die Emotionalperson vorherrscht und warum das Unbewußte dominiert. Vor allem die horizontale Lage, die entspannt, läßt die Bilder aus dem Unbewußten aufsteigen und den Kranken zu Einfällen kommen, sich an Vergangenes erinnern, Ideen und Projekte entwickeln, auf Fragen und Forderungen verfallen, daß man manchmal meint, einem bisher fremdgebliebenen Menschen gegenüberzustehen.

1. Die manifesten Forderungen

Ein Kranker darf fordern. Ein im Grunde staunenswertes Phänomen in unserer Gesellschaft, in der zwar genug gefordert wird, in der man aber auf Forderungen nur eingeht, wenn man muß. Mit einem gewis-

sen Respekt, einer Scheu sogar, mit etwas Angst, hört man auf den Kranken und erfüllt sein Verlangen nach Ruhe, nach Pflege, nach ärztlicher und medikamentöser Betreuung. Finanziell wird für ihn gesorgt, Krankenhaus- und Kuraufenthalte werden gewährt. Kurz: man sorgt sich mit Einsatz und Aufwand um ihn. Der Kranke darf das nach dem aktuell gelebten Ethos unserer Gesellschaft fordern.
Das weiß der Kranke. Das weiß auch der Gesunde, der Noch-nicht-Kranke. Wer Arzt ist oder sich sonst um den kranken Menschen müht, der bemerkt manchmal eine innere Dynamik, die den Noch-nicht-Kranken aus dem Unbewußten, bei abgeblendetem Bewußtsein, dahin steuert, daß er auch die Vorteile genießt, welche dem Kranken zuerkannt werden. Sogar die Statistik weist das aus: Die Zahl der Fronturlauber, bei denen zur Zeit des Urlaubsendes eine akute Appendizitis ausbrach, steht außerhalb jeder Vergleichsmöglichkeit. Die heutige psychologische Unfallforschung erhärtet den Hinweis bis zur Gewißheit: Um in den Genuß dessen zu kommen, was dem Kranken auf seine Forderung hin gewährt wird, wählt mancher den Weg in die Krankheit. Nicht als Simulant, nicht bewußt und durchaus nicht als Hysteriker. Nicht *er* zielt darauf ab, sondern „Es" drängt in ihm dahin.

2. *Die indirekten Fragen in den Forderungen*

Es ist deutlich, daß der Kranke in seinen Anforderungen, die er gemäß seinem Status als Leidender und Bedürftiger stellt, nicht „etwas" sucht, eine sachliche Leistung. So verlangt er nicht einfach nach Ruhe, sondern danach, daß Menschen seinetwegen ruhiger und behutsamer sind als sonst. Mit dieser Rücksicht erweisen sie ihm Anteilnahme, somit eine Beachtung und Respektierung, die sie ihm im Lauf der Alltagsgeschäfte normalerweise nicht zukommen ließen. Hierin wird deutlich: Ein Grundkonflikt unserer heutigen Gesellschaft wird vom Kranken angegangen und in einer Weise, die für ihn extrem günstig ist, gelöst.
Weil der Kranke in einer ganz besonderen Weise sensibilisiert ist, dürfen wir erwarten, daß die Grundanliegen und Grundfragen unserer Zeit und Gesellschaft von ihm mit besonderer Intensität gelebt werden. Wir dürfen annehmen, daß der Kranke, weil sein Unbewußtes in spezifischer Weise geweckt und aktiviert ist, gezielt auf die Lösung seiner innerpersönlichen Probleme und der Konflikte aus dem zwi-

schenmenschlichen Bereich drängt. Nur, nimmt nicht oft die heutige Medikation dem Kranken diese Sensibilität?

a) Die Frage nach dem Du

In Staat und Kirche wird heute beharrlich nach dem Du gefragt. Eine Analyse der sogenannten „Sexwelle" bis hin zum Streit um die Freigabe der Pornographie ergibt, daß darin in einer psychologisch geradezu gerissenen, wenn auch brutalen Weise, die Not des Menschen um sein Du in die klingende Münze des Gewinns umgemünzt wird. Das Du, besonders das gegengeschlechtliche Du, hofft man im fotografischen Bild, im Film und in der Erzählung zu finden, weil die Wege zum Du in der nicht-papierenen Wirklichkeit so vielfältig verbaut sind. Die Fragen um Ehe und Ehescheidung, die in Staat und Kirchen so heftig diskutiert werden, weisen auf den gleichen Hintergrund. Der Kampf um den ehefreien Stand in der Kirche wirft ein ähnliches Schlaglicht: Hier steht das Problem des Du an. Seine Frage nach dem Du stellt in indirekter Form, versteckt und larviert, der Kranke.

Wir wissen heute, welche Personen, in welcher Abfolge für einen Menschen „dran" sind. Wir können angeben, mit wem ein Mensch in geglückten Beziehungen gelebt haben muß, damit er partnerfähig und kontaktfreudig wird, damit er Begegnungen und Beziehungen zum Du wagen kann. Gelingen die gestuften Beziehungen zum Du nicht, wie sie die psychischen Wachstumsgesetze von Kindheit an fordern, dann gerät der Mensch in Not, und er arrangiert es, oder besser gesagt, es drängt ihn, manchmal auch auf dem Weg über die Krankheit, dahin, die lebensnotwendigen Ich-Du-Beziehungen zu finden.

Als diese Grundgestalten, welche der Mensch unausweichlich anfordern muß und von denen eine oder mehrere in der Krankheit immer angefordert und gefragt sind, können wir heute nennen (nach W. Heinen): Mutter, Vater, Schwester, Bruder, Frau, Mann, Tochter, Sohn. Man könnte es ein interessantes Forschungsgebiet nennen — wenn es hier nicht um das Glücken oder Mißglücken eines Lebens ginge —, die Beziehungen des typischen Magenkranken zu der Muttergestalt zu klären. Es kann erschütternd werden, den Patienten mit dem Asthma bronchiale und der Präkordialangst von seiner Stellung zur Vatergestalt berichten zu hören. Wer aber Mutter oder Vater nicht „bestanden" hat, somit positiv an sie verhaftet ist oder negativ mit ihnen verstritten ist, wird nicht frei für die andere Grundgestalt, welche im lebensgeschichtlichen Rhythmus nun an der Reihe wäre. — Die mütterliche Frau, der väterliche Mann stellen sich nun aber im Krankenhaus dem Patienten. Das weiß jeder von uns intuitiv. Wer kennte nicht solche Erlebnisse von der Kinderstation, wo die kleinen Patienten Vater oder Mutter nachfordern. Wer aber mit solch einer Problematik einmal in die Lebensmitte gelangt ist, erkrankt, um dahin zu kommen, wo er diese Problematik austragen kann.

b) Die Frage nach dem Ich

Hinter der Frage und Forderung nach dem Du steht die Frage nach dem Ich: Wer bin ich, was kann ich, was bin ich wert? Wir finden uns nicht einsichtig vor. Ausgleich und Harmonie der in uns angelegten Spannungen werden uns nicht als Morgengabe in die Wiege gelegt. Wir müssen sie erringen. Wie man den Gegensatz bestimmen will, als den von zwei Seelen in einer Brust, als Zwist zwischen Seele und Leib, zwischen Pflicht und Neigung, als Spannung zwischen Animalität und Geistigkeit, endothymem Grund und Bewußtseinsüberbau, darüber müßte man sich erst noch einigen. Einig sind sich die Menschenkundigen indes über die Tatsache, daß der Mensch seine Zerrissenheit, wenn sie ihm den Lebenssinn gefährdet, in der Krankheit signalisiert. Der Mensch braucht einen Lebenssinn — nicht Ideologie oder Pragmatismus, sondern Sinn. Der nun läßt sich nicht in Büchern nachlesen, sondern nur ablesen von Menschen. Gläubiges Wissen um einen Lebenssinn läßt sich nicht andozieren, sondern nur bildhaft vorlegen, von Menschen bezeugen. Für Arzt und Priester, Schwester und Pflegepersonal werden damit Aufgaben angedeutet, die erschrecken lassen könnten. Aber erfüllt nicht jeder gute Vater und jede gute Mutter oft problemlos die Aufgabe, den Menschen zu seinem Ich zu führen? Und haben nicht Ärzte, wenn sie Heiler waren, das immer getan? Komplikationen im Bereich des Herzens und des Kreislaufs, besonders wenn sie um die Lebensmitte auftreten, manifestieren eine Frage nach dem Ich, nach dem Sinn. Hier werden weisungsmächtige Helfer angefordert.

3. Liebe als sittliche Grundkraft treibt zu Fragen und Forderungen

Der Mensch ist einer, der zu lieben lernen will. Nicht bei Kolle, versteht sich. Denn Liebe ist mehr. Liebe „kann" man nicht einfach. Sie wächst und entfaltet sich in Stufungen und Graden. Sie bleibt die eine dynamische Kraft im Menschen, die in vielfältigen Entwicklungen zur

Ausformung drängt. Freud hat mit seiner Libido als der einen großen Lebensmacht nicht eigentlich etwas Falsches gesehen. Nur zu wenig. So auch Jung. Auch die Berliner Schule mit ihrem Nachweis eines Grundstrebens in drei Formen hat recht. Doch die eine Kraft erweist sich zugleich als vital *und* psychisch *und* sittlich. Das wird deutlich, wenn man die verschiedenen Ausformungen der Liebe in den verschiedenen Lebensstadien bedenkt. Zur Kindheit, der Zeit des Ich-Aufbaus gehört die niedere, ichzentrierte Erosliebe. Sie nimmt eigentlich nur. Zur Jugendzeit hin aber sollte diese egoistische Form der Liebe aufgebrochen werden und zur Zeit der Selbstfindung in der Hinwendung zum Du eine nehmende *und* schenkende Liebe werden. Später, im reifen Erwachsenenalter, sollte die mehr schenkende Liebe gelernt werden, die wir nicht mehr Eros sondern Agape nennen, weil sie offen ist für die Form der Liebe, von der das Neue Testament spricht, und die im Liebesdienst Christi exemplarisch verwirklicht ist.

Die Liebe treibt den Menschen. Reifungsverzug ist Verzug im stadiengemäßen Liebenkönnen. Doch lieben lernt man am Du. In die Krise geraten oder gar in die Panik, äußert sich die sittliche und psychische Not auch im Somatischen. Und in der Krankheit wird Hilfe angefordert zur personalen Reifung. Manche Frage an den Arzt beinhaltet das, und manches abendliche Gespräch mit der Krankenschwester zielt insgeheim oder offen dahin.

III. Doppelt verborgene Fragen und Forderungen des Kranken

Nach diesen Einsichten lassen sich Ziele des Fragens und Suchens im Kranken benennen, um welche er nur in den seltensten Fällen reflex weiß. Der Helfer aber sollte um die innere Finalität im Krankheitsgeschehen wissen, um mehr als nur die leibliche Hilfe leisten zu können.

1. Suche nach Reifung und Freiheit

Von seinen Bezugspersonen, etwa Vater und Mutter, Bruder und Schwester, darf ein Mensch Lebenshilfe erwarten. Diese Personen sollen auf ihn eingehen, Maßnehmen an dem, was er schon kann, und hinzielen auf das, was er noch nicht kann, aber lernen muß. Dabei läßt sich einsehen, daß die Vatergestalt nicht nur vom leiblichen Vater repräsentiert wird, wenn von ihm auch die größte Prägekraft ausgeht. Väterlich ist auch der Lehrer, der Trainer im Sportklub, der Meister, der Professor, der Politiker, der Polizist, der Priester, Bischof, Papst; väterliche Aspekte hat auch der nicht nur im Scherz so genannte Vater Staat. Sie sollen einführen in die zu gestaltende Welt, in welcher Leistung und effiziente Wirksamkeit entfaltet werden sollen. Stellt man sich nun einmal Kafkas vernichtend anklagenden Brief an seinen Vater vor Augen oder den Roman von Jochen Klepper „Der Vater", dann zeigt sich, daß der Ausfall des Vaters — um nur von dieser Grundgestalt zu sprechen — die Reifung des jungen Menschen nachhaltig und entscheidend blockiert. Mögliche Folgen sind: Kontakt- und Leistungsschwäche, mangelndes Eigenmachtbewußtsein und schwaches Selbstwertgefühl. Das bedingt Mißerfolge im persönlichen und beruflichen Bereich. Diese aber schlagen sich leiblich nieder. Die Krankheitssymptome aber werden dem Arzt nicht dazu präsentiert, daß er sie kuriert, sondern daß er, wenn er wach ist, den Hintergrund sieht. Und dann fragt und fordert der Patient, daß der Arzt selbst, er als väterliche Gestalt, zur Medizin wird. Der Patient, der Vertrauen faßt zum Arzt, spricht dann nicht mehr von den Krankheitssymptomen, dem Bluthochdruck. Er kommt auf den beruflichen Streß zu sprechen und auf seine Angst, die geforderten Leistungen nicht erbringen zu können. Der Kranke hat also noch nicht eine reife Haltung zur Welt einnehmen können, er ist geknechtet und unfrei. Wer bild- und symbolfähig ist, sieht das vielleicht in vielen Äußerungen des Patienten. Indem dieser selbst davon spricht, weil sich ihm jemand zuwendet und zuhört, wird ihm selbst vielleicht zum erstenmal bewußt, wie es um ihn in der Welt, in Raum und Zeit steht. Damit ist die Möglichkeit gegeben, daß er zu sich Stellung nimmt und Unfreiheit als Unfreiheit erkennt. Damit könnte der Anfang gemacht sein, eine reifere, souveränere Haltung zu Besitz und Erwerb, Geltung und Leistung einzunehmen. Entdecken wir, die wir mit dem Menschen in seiner Krankheit zu tun haben, heute schon diese Fragen und Forderungen nach Reifung und Freiheit?

2. Suche nach Gewissen und Religio

Wer hat nicht schon am Krankenbett bemerkt, wie leicht das Gespräch auf Themen führt, bei denen wir uns unwillkürlich fragen, ob sie nicht zu anspruchsvoll und belastend sind für einen kranken Menschen. Grundfragen der Politik, der Wirtschaft, der Erziehung, der Familie, selbst der Unsterblichkeit und der göttlichen Vorherbestimmung ergeben sich oft wie von selbst. Sie liegen manchen Kranken auf der Zunge oder auch auf der Seele. Dinge, die sonst nur unter Freunden ausgetauscht werden, und wenn, dann am ehesten in nächtlichen Gesprächen, scheinen dem Kranken oft dringend zu sein. Diese Themen sind nicht solche, zu denen eine Auskunft gegeben werden kann. Bei ihnen ist das Bekenntnis gefordert. Genau dies aber ist angefragt. Denn es geht dem Kranken um seine Werteskala, was für ihn an erster, zweiter oder letzter Stelle stehen sollte, etwa in den Schwierigkeiten der Mutter mit ihren heranwachsenden Töchtern. Im Grunde und letztlich sieht man hier Hilfe zum Gewissensentscheid angefordert. Sowohl das Wertnehmen wie das Sichentscheiden möchte man lernen im Dialog, im Miteinander.

Wie manchmal in der Krankheit überraschend deutlich die Beziehungen (Relationen) zu bestimmten Personen angefragt sind, so ist oft auch die Beziehung (Religio) zum Ur-Du angefragt. Besonders bei den berühmten Krisen um die Lebensmitte muß der Kranke sich unausweichlich anschicken, sich um die Mitte und den Sinn seines Lebens zu sorgen. Dieser Sinn ist ein personaler. Es geht um das Verhältnis zu Gott — die komplexe Psychologie C. G. Jungs hat hier die Pionierarbeit geleistet —, ohne welchen Irrsal und Wirrsal des Lebens kaum zu bestehen sind. Werden Angehörige, Ärzte und Pfleger, wird die Theologie heute schon hellsichtig für diese Zusammenhänge? Lernen wir es schon, bei allem sonst dem Kranken zu Leistenden, seine indirekte Frage nach der Religio zu erheben und ihm seine Antwort finden zu helfen?

IV. Heilende Antworten

Die psychosomatische Medizin war es, welche das Wissen der großen Ärzte thematisierte und neu auf wissenschaftlicher Basis herausstellte, daß es vielfältige Verursachungen für Erkrankungen und Unfälle gibt. Diese Ärzte sind es auch, hier müßten Namen genannt werden von Weizsäcker bis Balint, die herausgearbeitet haben, wie neben der streng fachwissenschaftlich durchgeführten Anamnese, Diagnose und Therapie häufig etwas anderes seinen Platz haben muß, weil der Kranke danach fragt: der personale Beistand für den in seiner Krankheit und vermittels seiner Krankheit fragenden und fordernden Patienten. Die tiefenpsychologische Menschenkunde, die heute zu einer echt personalen Thematik gefunden hat, kann uns die Wege zum Menschen und die Schritte mit ihm weisen. Sie ist ja auch dabei, die typischen psychischen Hintergründe bestimmter Krankheitsbilder darzustellen.

1. Hilfe zur Erkenntnis

Es läßt sich wohl mit einer Situationsschilderung am deutlichsten sagen, wie einem Patienten Hilfe zur Erkenntnis vermittelt werden könnte. Der junge Mann, der von seiner Mutter beim Einparken in die Garage überfahren wurde und nun an einem Schlüsselbeinbruch laboriert, müßte doch dahin gebracht werden, sich zu verdeutlichen, was mit ihm und seiner Mutter ist. Er selber ist ja daran interessiert zu realisieren, wie es dazu kam, nicht nur zu der unglücklichen Aktion mit dem Auto, sondern auch zu der Gesamtkonstellation, welche diesen Unglücksfall ermöglichte. Natürlich kann ihm das niemand einfach sagen und darlegen, obwohl mancher, wenn er Mutter und Sohn gegenübergestellt sieht, intuitiv bemerkt, was zwischen ihnen spielt. Selbst zu erkennen, was ist, dazu müßte der Patient mit behutsamen Fragen, die nichts suggerieren, gebracht werden. Er sollte auf seine bildhaften Einfälle achten lernen, um zu bemerken, wie er selbst zur Gestaltung dieses Verhältnisses beigetragen hat. Die Erkenntnis sollte mit Anerkenntnis gekoppelt sein. Dazu können helfen: der Arzt, Leute aus dem pflegenden Personal, die das Vertrauen des Patienten haben, der Seelsorger und nicht zuletzt die Angehörigen, wenn sie nicht allzu befangen sind.

2. Beistand zur Aussöhnung

Wer das indirekte Fragen und Fordern des Patienten versteht, dann einen langsamen Erkenntnisprozeß einleitet, der kann auch aufgefordert sein, Beistand zur Aussöhnung zu leisten. Auszusöhnen ist der Kranke mit sich selbst angesichts dessen, was er nun von sich erfährt. Da realisiert eine Patientin, die an asthmatischer Allergie leidet, daß Beziehungen bestehen zwischen ihrer anfallartigen Krankheit und ihrem häufigen Unvermögen, in einem Geschäft aus dem großen Angebot dies und jenes zu verlangen, wie es ihre Familie benötigt und sie sich auch vorgenommen hatte auszuwählen. Dazu ahnt sie, daß dies etwas mit der entscheidungsschwachen Vatergestalt in ihrer Familie zu tun hat und all das zusammenhängt mit ihrer von Angst eingefärbten Grundstimmung. Daneben entschuldigt sie sich, daß sie nicht gläubig ist — offenbar aber zu abergläubischen Praktiken Zuflucht nimmt. Beistand zur Aussöhnung mit sich selbst kann jetzt doch wohl nur dadurch geleistet werden, daß man mit ihr ohne Beurteilung oder gar Verurteilung anschaut, was ist. Das Vertrauensverhältnis und Miteinander muß angesichts dessen, was sich zeigt, durchgehalten werden. Erlebt die Kranke, daß ein anderer zu ihr Ja sagt, wagt sie dieses Ja vielleicht auch.

3. *Assistenz zur Wandlung*

Über die Hilfe zum Sich-Erkennen und Sich-Annehmen hinaus erwartet und verlangt der Kranke noch die Assistenz zum Sich-Wandeln. Alles Lebendige verändert sich, sonst erstarrt es und ist dem Tod geweiht. Der Mensch ändert sich nicht nur, er hat auch die Möglichkeit, sich zu wandeln, das heißt sich innerlich umzustellen, sich neu zu orientieren gemäß seiner Lebensphase und entsprechend den Anforderungen der Menschen um ihn. In neue Phasen der Reifung wird man nicht durch Wunder versetzt, sie erringt man nur mühsam, indem man sich selbt wandelt. Das heißt aber, man ist aufgerufen, neu die Beziehungen zu den Menschen zu ordnen, neue Werthaltungen aufzubauen, Gewesenes zu lassen und Neues in Angriff zu nehmen.
Da ist in der Klinik einer Großstadt ein rund sechzigjähriger Mann mit Herzinfarkt auf dem Wege der Besserung. In der ruhigen Zeit unternimmt er einen Rückblick auf sein Leben. Anstoß und Beistand sind dabei Stationsarzt und Stationsschwester. Dieser ehelos gebliebene Mann, bei dem man überrascht ist, einen Techniker, einen Meister vor sich zu haben, während er den Habitus eines Landmannes hat, realisiert, daß er seine Eltern nur wenige Jahre erlebt hat, dann zu Pflegeeltern kam. Die überstrenge Erziehung dort wurde unterlaufen, als der Pubertierende von einem höchstgeachteten, kirchenfrommen Mann in ein homosexuelles Verhältnis gezogen wurde. Die Lehrzeit endete mit abstoßenden Erlebnissen unter den Bekannten. Er stürzte sich in die Arbeit und Ausbildung, übernahm die kleine Werkstätte einer älteren weiblichen Verwandten. Von Kirche und Glaube hatte er sich abgewandt. Sie waren ihm abhanden gekommen. Im NS-Staat trat er aus seiner Kirchengemeinschaft aus. Es gab nur noch Arbeit und Schinderei im Beruf ohne tiefere persönliche Kontakte zu irgend jemand außer der zwanghaften Bindung durch die Eigentüme-

rin des Unternehmens. Ein desolates Lebensbild. Die einzelnen Stufen der Realisierung und Annahme seines Lebensweges, die verschiedenen Aufbrüche zu neuen Sichten und neuen Wertungen seien hier übergangen. Langsam wuchs neben einer vergebenden Einstellung zu den Menschen die Einsicht, daß ihm die tieferen Quellen des Lebens verschüttet waren. Unter dem behutsamen, fast schweigenden Beistand der Leute, die sich um den Kranken sorgten, fand er neu einen religiösen Sinn und bemühte er sich um Rückkehr in seine Kirchengemeinschaft.

Hier war es dem Mann, dem die Krankheit selbst ein Signal geworden war, das er erkannte, möglich, sich aus schicksalhaften Bindungen zu lösen, eine neue Freiheit zu gewinnen, gereift neue Bindungen einzugehen und Vorentscheidungen für sein künftiges Leben zu treffen.

4. Begleitung in der Passio

Hier gilt es, in Wort und Tat diskret zu sein. Wenn alles Menschenleben schon Geheimnischarakter hat, dann besonders in Leid, das zum Tod führt. Keiner von uns braucht eine von uns erfundene Antwort zu geben. Am Ende aller Reifungswandlungen sollte die Gelassenheit stehen, in der man nicht nur fahren läßt, was man nicht mehr halten kann, sondern Gott gibt, was Gottes ist. Letztlich sich selbst. Unseren Glauben, in dem wir das für sinnvoll halten, verlangen die Kranken da zu sehen. Mehr noch aber verlangt der Leidende Zugang zu erhalten zu dem, der in seiner Passion der Welt ihren Sinn wieder zurückgab. Spätestens dort hat das Reden ein Ende. Das Gebet hätte seinen Platz, indem dann vielleicht der Kranke diesen Satz des Paulus mitvollzieht: „So freue ich mich über die Leiden, die ich für euch trage, und ergänze in meinem irdischen Leben, was an den Leiden Christi zu ergänzen ist, zugunsten seines Leibes, der Kirche (Kol 1,24).

Diesen Weg in der Passio, der letzten Gelassenheit, wird nur der gehen können, dessen Fragen und Forderungen die Menschen, die es anging, gehört haben, ausgehalten haben und versucht haben zu beantworten. Wenn aber in unserer Gesellschaft so viele Menschen ihr Leben wie ein Geschwätz zubringen, ihre Krankheit auch ein Geschwätz bleibt und sie daraus in einen Tod gehen müssen, der dann auch nur ein Geschwätz ist, dann sind wir dringend aufgefordert zu prüfen, ob wir schon genug getan haben, um auf die Menschen und ihre Fragen zu hören.